MATER ET MAGISTRA

CARTA ENCÍCLICA
DE SUA SANTIDADE O PAPA JOÃO XXIII
SOBRE A EVOLUÇÃO DA QUESTÃO SOCIAL
À LUZ DA DOUTRINA CRISTÃ

Paulinas

13ª edição – 2010
4ª reimpressão – 2023

Cadastre-se e receba nossas informações
www.paulinas.com.br
Telemarketing e SAC: 0800-7010081

Paulinas
Rua Dona Inácia Uchoa, 62
04110-020 – São Paulo – SP (Brasil)
(11) 2125-3500
editora@paulinas.com.br

Aos veneráveis irmãos patriarcas, primazes, arcebispos, bispos e outros ordinários do lugar, em paz e comunhão com a sé apostólica, bem como a todo o clero e fiéis do orbe católico: sobre a recente evolução da questão social à luz da doutrina cristã.

JOÃO XXIII, PAPA

Veneráveis irmãos e diletos filhos, saúde e bênção apostólica.

Introdução

1. MÃE E MESTRA de todos os povos, a Igreja Universal foi fundada por Jesus Cristo, a fim de que todos, vindo no seu seio e no seu amor, através dos séculos, encontrem plenitude de vida mais elevada e penhor seguro de salvação. A esta Igreja, *coluna e fundamento da verdade* (cf. 1Tm 3,15), confiou o seu Fundador santíssimo uma dupla missão: de gerar filhos, e de os educar e dirigir, orientando, com solicitude materna, a vida dos indivíduos e dos povos, cuja alta dignidade ela sempre desveladamente respeitou e defendeu.

2. O cristianismo é, de fato, a realidade da união da terra com o céu, uma vez que assume o homem, na sua realidade concreta de espírito e matéria, inteligência e vontade, e o convida a elevar o pensamento, das condições mutáveis da vida terrena, até às alturas da vida eterna, onde encontrará, sem limites, a plenitude da felicidade e da paz.

3. De modo que a Santa Igreja, apesar de ter como principal missão santificar as almas e fazer participar dos bens da ordem

sobrenatural, não deixa de preocupar-se ao mesmo tempo com as exigências da vida cotidiana dos homens, não só no que diz respeito ao sustento e às condições de vida, mas também no que se refere à prosperidade e à civilização em seus múltiplos aspectos, dentro do condicionalismo das várias épocas.

4. Ao realizar tudo isso, a Santa Igreja põe em prática o mandamento de Cristo, seu Fundador, que se refere sobretudo à salvação eterna do homem, quando diz: "Eu sou o caminho, a verdade e a vida" (Jo 14,6) e "Eu sou a luz do mundo" (Jo 8,12); mas que, em outro passo, ao contemplar a multidão faminta, exclamou, num lamento sentido: "Tenho pena de toda essa gente" (Mc 8,2); manifestando, assim, como se preocupa também com as exigências materiais dos povos. E não foi só com palavras que o Divino Redentor demonstrou esse cuidado: provou-o igualmente com os exemplos da sua vida, multiplicando, várias vezes, por milagres, o pão que havia de saciar a fome da multidão que o seguia.

5. E com esse pão, dado para alimentar o corpo, quis anunciar e significar aquele pão celestial das almas, que iria deixar aos homens na véspera da sua Paixão.

6. Não é, pois, para admirar, que a Igreja Católica, à imitação de Cristo e em cumprimento das suas disposições, tenha mantido sempre bem alto, através de dois mil anos, isto é, desde a instituição dos antigos diáconos, até aos nossos tempos, o facho da caridade, mediante preceitos e dos numerosos exemplos que vem proporcionando. E a caridade, ao conjugar harmoniosamente os mandamentos do amor mútuo com a prática dos mesmos, realiza de modo admirável as exigências dessa dupla doação que em si resume a doutrina e a ação social da Igreja.

7. Documento verdadeiramente insigne dessa doutrina e dessa ação desenvolvida pela Igreja ao longo dos séculos, deve considerar-se a imortal encíclica *Rerum Novarum*,[1] que o nosso predecessor de feliz memória, Leão XIII, há setenta anos promulgou para formular os princípios que haviam de resolver cristãmente a questão operária.

8. Poucas vezes a palavra de um papa teve ressonância tão universal, pela profundeza e vastidão da matéria tratada, bem como pelo vigor incisivo da expressão. A linha de rumo ali apontada e as advertências feitas revestiram-se de tal importância que nunca poderão cair no esquecimento. Foi aberto um caminho novo à ação da Igreja. O Pastor supremo, fazendo próprios os sofrimentos, as queixas e as aspirações dos humildes e dos oprimidos, uma vez mais se ergueu como defensor dos seus direitos.

9. E hoje, apesar de ter passado tanto tempo, ainda se mantém real a eficácia dessa mensagem, não só nos documentos dos papas sucessores de Leão XIII – os quais, quando ensinam em matéria social, continuamente se referem à encíclica leonina, ora para nela se inspirarem, ora para esclarecerem o seu alcance, e sempre para estimular a ação dos católicos –, mas também na organização mesma dos povos. Tudo isso mostra como os sólidos princípios, as diretrizes históricas e as paternais advertências contidas na magistral encíclica do nosso predecessor conservam ainda hoje o seu valor e sugerem, mesmo, critérios novos e vitais para os homens poderem avaliar o conteúdo e as proporções da questão social, tal como hoje se apresenta, e decidir-se a assumir as responsabilidades daí resultantes.

---

[1] *Acta Leonis XIII*, 11(1891), p. 97-144. DP 2.

PRIMEIRA PARTE

ENSINAMENTOS DA ENCÍCLICA *RERUM NOVARUM* E OPORTUNOS DESENVOLVIMENTOS NO MAGISTÉRIO DE PIO XI E PIO XII

A época da encíclica *Rerum Novarum*

10. Os tempos em que Leão XIII falou eram de transformações radicais, de fortes contrastes e amargas rebeliões. As sombras daqueles tempos fazem-nos apreciar melhor a luz que promana do seu ensinamento.

11. Como é sabido de todos, o conceito do mundo econômico, então mais difundido e posto em prática, era um conceito naturalista, negador de toda a relação entre moral e economia. O motivo único da ação econômica, dizia-se, é o interesse individual. Lei suprema reguladora das relações entre os operadores econômicos é a livre concorrência sem limites. Juros dos capitais, preços das mercadorias e dos serviços, benefícios e salários, são determinados, de modo exclusivo e automático, pelas leis do mercado. O Estado deve abster-se de qualquer intervenção no campo econômico. Os sindicatos, em alguns países, eram proibidos; em outros, tolerados ou considerados como de direito privado.

12. Em um mundo econômico assim concebido, a lei do mais forte encontrava plena justificação no plano teórico e dominava no das relações concretas entre os homens. E daí derivava uma ordem econômica radicalmente perturbada.

13. Enquanto, em mãos de poucos, se acumulavam riquezas imensas, as classes trabalhadoras iam gradualmente caindo em condições de crescente mal-estar. Salários insuficientes ou de fome, condições de trabalho esgotadoras, que nenhuma consideração tinham pela saúde física, pela moral e pela fé religiosa. Sobretudo inumanas as condições de trabalho a que eram frequentemente submetidas as crianças e as mulheres. Sempre ameaçador o espectro do desemprego. A família, sujeita a contínuo processo de desintegração.

14. Daí uma profunda insatisfação nas classes trabalhadoras, entre as quais se propagava e se consolidava o espírito de protesto e de rebelião. E assim se explica por que encontraram tanto aplauso, naqueles meios, as teorias extremistas, que propunham remédios piores que os próprios males.

Os caminhos da reconstrução

15. Coube a Leão XIII, nos momentos difíceis daquele conflito, publicar a sua mensagem social, baseada na consideração da natureza humana e informada pelas normas e o espírito do Evangelho; mensagem que, desde que foi conhecida, ainda que não faltassem oposições compreensíveis, suscitou universal admiração e entusiasmo. Certamente, não era a primeira vez que a Sé Apostólica descia à arena, em defesa dos interesses materiais dos menos favorecidos. Outros documentos do mesmo Leão XIII tinham já preparado o caminho; mas, dessa vez, formulava-se uma síntese orgânica dos princípios e desenhava-se uma perspectiva histórica tão ampla que fizeram da encíclica *Rerum Novarum* um verdadeiro resumo do catolicismo no campo econômico-social.

16. Nem careceu de audácia esse gesto. Enquanto alguns ousavam acusar a Igreja Católica de limitar-se, perante a questão social, a pregar resignação aos pobres e a exortar os ricos à generosidade, Leão XIII não hesitou em proclamar e defender os legítimos direitos do operário. Ao encetar a exposição dos princípios da doutrina católica no campo social, declarava com solenidade: "Entramos confiadamente nesta matéria e fazemo-lo com pleno direito, já que se trata de uma questão para a qual não é possível encontrar solução eficaz, sem recorrer à religião e à Igreja".[1]

17. Bem conheceis, veneráveis irmãos, os princípios basilares expostos pelo imortal Pontífice, com tanta clareza como autoridade, segundo os quais deve ser reconstruído o setor econômico e social da comunidade humana.

18. Dizem respeito, primeiramente, ao trabalho que deve ser considerado, em teoria e na prática, não mercadoria, mas um modo de expressão direta da pessoa humana. Para a grande maioria dos homens, o trabalho é a única fonte dos meios de subsistência. Por isso, a sua remuneração não pode deixar-se à mercê do jogo automático das leis do mercado; pelo contrário, deve ser estabelecida segundo as normas da justiça e da equidade, que, em caso contrário, ficariam profundamente lesadas, ainda mesmo que o contrato de trabalho fosse livremente ajustado por ambas as partes.

19. A propriedade privada, mesmo dos bens produtivos, é um direito natural que o Estado não pode suprimir. Consigo,

---

[1] Cf. ibid., p. 107.

intrinsecamente, comporta uma função social, mas é igualmente um direito, que se exerce em proveito próprio e para bem dos outros.

20. O Estado, cuja razão de ser é a realização do bem comum na ordem temporal, não pode manter-se ausente do mundo econômico; deve intervir com o fim de promover a produção de uma abundância suficiente de bens materiais, "cujo uso é necessário para o exercício da virtude";[2] e também para proteger os direitos de todos os cidadãos, sobretudo dos mais fracos, como são os operários, as mulheres e as crianças. De igual modo, é dever seu indeclinável contribuir ativamente para melhorar as condições de vida dos operários.

21. Compete ainda ao Estado velar para que as relações de trabalho sejam reguladas segundo a justiça e a equidade, e para que nos ambientes de trabalho não seja lesada, nem no corpo nem na alma, a dignidade de pessoa humana. A este propósito, a encíclica leonina aponta as linhas que vieram a inspirar a legislação social dos estados contemporâneos: linhas, como já observava Pio XI na encíclica *Quadragesimo Anno*,[3] que eficazmente contribuíram para o aparecimento e a evolução de um novo e nobilíssimo ramo do direito, o *direito do trabalho*.

22. E aos trabalhadores, afirma ainda a encíclica, reconhece-se não apenas o direito natural de constituírem associações, ou só de operários, ou mistas de operários e patrões, como também o direito de darem às mesmas a estrutura orgânica que julgarem mais conveniente para assegurarem a obtenção dos seus legítimos interesses

---

[2] S. Tomás, *De Regimine Principum*, I,15.

[3] Cf. AAS, 23(1931), p. 185.

econômico-profissionais, e o direito de agirem, no interior delas, de modo autônomo e por própria iniciativa, para a consecução dos mesmos interesses.

23. Operários e empresários devem regular as relações mútuas, inspirando-se no princípio da solidariedade humana e da fraternidade cristã; uma vez que, tanto a concorrência de tipo liberal como a luta de classes no sentido marxista, são contrárias à natureza e à concepção cristã da vida.

24. Eis, veneráveis irmãos, os princípios fundamentais em que deve basear-se, para ser sã, a ordem econômica e social.

25. Não devemos, pois, admirar-nos, se os católicos mais eminentes, atendendo aos apelos da encíclica, empreenderam iniciativas múltiplas para traduzirem em prática aqueles princípios. De fato, nessa tarefa se empenharam, sob o impulso de exigências objetivas da natureza, homens de boa vontade de todos os países do mundo.

26. Por isso, a encíclica, com razão, foi e continua a ser considerada como a *Magna Carta*[4] da reconstrução econômica e social da época moderna.

A encíclica *Quadragesimo Anno*

27. Pio XI, nosso predecessor de santa memória, comemorou o quadragésimo aniversário da encíclica *Rerum Novarum*, com um novo documento solene: a encíclica *Quadragesimo Anno*.[5]

---

[4] Cf. ibid., p. 189.

[5] Cf. ibid., p. 177-178.

28. Nesta, o Sumo Pontífice insiste no direito e dever da Igreja de prestar a sua contribuição insubstituível para a feliz solução dos problemas sociais mais urgentes e mais graves, que angustiam a família humana; confirma os princípios fundamentais e as diretrizes históricas da encíclica leonina; e aproveita a ocasião para precisar alguns pontos de doutrina sobre os quais tinham surgido dúvidas, mesmo entre católicos, e para desenvolver o pensamento social cristão, atendendo às novas condições dos tempos.

29. As dúvidas levantadas diziam respeito, de modo especial, à propriedade privada, ao regime dos salários e à atitude dos católicos perante uma forma de socialismo moderado.

30. Quanto à propriedade privada, o nosso predecessor torna a afirmar o seu caráter de direito natural e acentua o seu aspecto e a sua função social.

31. Com relação ao regime de salários, nega a tese que o declara injusto por natureza, mas reprova ao mesmo tempo as formas inumanas e injustas que, não poucas vezes, se praticou; inculca e desenvolve os critérios em que se deve inspirar e as condições a que é preciso satisfazer para não se lesar a justiça nem a equidade.

32. Nesta matéria, o nosso predecessor indica claramente ser vantajoso, nas condições atuais, suavizar o contrato de trabalho com elementos tomados do contrato de sociedade, de modo que "os operários se tornem participantes ou na propriedade ou na gestão, ou, em certa medida, nos lucros obtidos".[6]

---

[6] Cf. ibid., p. 199.

33. Deve considerar-se da mais alta importância doutrinal e prática a afirmação de Pio XI de que o trabalho não se pode "avaliar justamente nem retribuir adequadamente, quando não se tem em conta a sua natureza social e individual".[7] Por conseguinte, para determinar a remuneração, declara o papa, a justiça exige que se tenham em conta, além das necessidades de cada trabalhador e a sua responsabilidade familiar, a situação da empresa a que os operários prestam o seu trabalho, e ainda as exigências da economia geral.[8]

34. Entre comunismo e cristianismo, o Pontífice declara novamente que a oposição é radical, e acrescenta não se poder admitir de maneira alguma que os católicos adiram ao socialismo moderado: quer porque ele foi construído sobre uma concepção da vida fechada no temporal, com o bem-estar como objetivo supremo da sociedade; quer porque fomenta uma organização social da vida comum, tendo a produção como fim único, não sem grave prejuízo da liberdade humana; quer ainda porque lhe falta todo o princípio de verdadeira autoridade social.

35. Nem deixa Pio XI de notar que, nos quarenta anos passados desde a promulgação da encíclica leonina, a situação histórica mudara profundamente. A livre concorrência, em virtude da dialética que lhe é própria, tinha acabado por destruir-se a si mesma ou pouco menos; levara a uma grande concentração da riqueza e, além disso, à acumulação de um poder econômico desmedido nas mãos de poucos, "os quais,

---

[7] Cf. ibid., p. 200.

[8] Cf. ibid., p. 201.

muitas vezes, nem sequer eram proprietários, mas simples depositários e administradores do capital, de que dispunham a seu bel-prazer".[9]

36. E assim, como observa com perspicácia o Sumo Pontífice, "à liberdade de mercado sucedeu a hegemonia econômica; à sede de lucro, a cobiça desenfreada do predomínio; de modo que toda a economia se tornou horrivelmente dura, inexorável, cruel",[10] escravizando os poderes públicos aos interesses de grupo e desembocando no imperialismo internacional do dinheiro.

37. Para remediar tal situação, o supremo pastor indica, como princípios fundamentais, o regresso do mundo econômico à ordem moral e a subordinação da busca dos lucros, individuais ou de grupos, às exigências do bem comum. Isso comporta, segundo o seu ensinamento, a reorganização da vida social mediante a reconstituição de corpos intermediários autônomos com finalidade econômica e profissional, criados pelos particulares e não impostos pelo Estado; o restabelecimento da autoridade dos poderes públicos para desempenharem as funções que lhes competem na realização do bem comum; e a colaboração em plano mundial entre as comunidades políticas, mesmo no campo econômico.

38. Os temas fundamentais, característicos da magistral encíclica de Pio XI, podem reduzir-se a dois. O primeiro proíbe completamente tomar como regra suprema das atividades e das instituições do mundo econômico quer o interesse individual ou de grupo, quer

---

[9] Cf. ibid., p. 210-211.

[10] Cf. ibid., p. 211.

a livre concorrência, quer a hegemonia econômica, quer o prestígio ou o poder da nação, ou outros critérios semelhantes.

39. Pelo contrário, devem considerar-se regras supremas, daquelas atividades e instituições, a justiça e a caridade social.

40. O segundo tema recomenda a criação de uma ordem jurídica, nacional e internacional, dotada de instituições estáveis, públicas e privadas, que se inspire na justiça social e à qual se conforme a economia; assim se tornará menos difícil aos economistas exercer a própria atividade em harmonia com as exigências da justiça e atendendo ao bem comum.

A radiomensagem de Pentecostes de 1941

41. Também Pio XII, nosso predecessor de venerável memória, contribuiu não pouco para definir e desenvolver a doutrina social cristã. No dia 1º de junho de 1941, festa de Pentecostes, transmitiu uma radiomensagem "para chamar a atenção do mundo católico sobre um acontecimento digno de ser gravado com letras de ouro nos fastos da Igreja: o quinquagésimo aniversário da fundamental encíclica social *Rerum Novarum* de Leão XIII...[11] e para agradecer humildemente a Deus todo-poderoso... o dom que... se dignou conceder à Igreja com aquela encíclica do seu vigário na terra; e para louvá-lo, pelo sopro do Espírito renovador que, por meio da mesma, derramou, desde então, de modo sempre crescente, sobre toda a humanidade".[12]

---

[11] Cf. AAS, 33(1941), p. 196.

[12] Cf. ibid., p. 197.

42. Nessa radiomensagem, o grande Pontífice reivindica para a Igreja a "irrefutável competência de julgar se as bases de uma determinada ordem social estão de acordo com a ordem imutável que Deus Criador e Redentor manifestou por meio do direito natural e da revelação";[13] reafirma a vitalidade perene dos ensinamentos da encíclica *Rerum Novarum* e a sua fecundidade inexaurível; e aproveita a ocasião "para expor ulteriores princípios diretivos de moral sobre três valores fundamentais da vida social e econômica. Esses três valores fundamentais, que se unem, se enlaçam e se ajudam mutuamente, são: o uso dos bens materiais, o trabalho e a família".[14]

43. Quanto ao uso dos bens materiais, o nosso predecessor afirma que o direito de todo homem a usar daqueles bens para o seu próprio sustento tem prioridade sobre qualquer outro direito de natureza econômica, e mesmo sobre o direito de propriedade. Certamente, acrescenta o nosso predecessor, também o direito de propriedade dos bens é um direito natural, mas, segundo a ordem objetiva estabelecida por Deus, o direito de propriedade é limitado, pois não pode constituir obstáculo a que seja satisfeita a "exigência irrevogável dos bens, criados por Deus para todos os homens, estarem equitativamente à disposição de todos, segundo os princípios da justiça e da caridade".[15]

44. No que se refere ao trabalho, retomando um tema apontado na encíclica leonina, Pio XII confirma que ele é simultaneamente um dever e um direito de todos e cada um dos homens. Por conseguinte,

---

[13] Cf. ibid., p. 196.

[14] Cf. ibid., p. 198s.

[15] Cf. ibid., p. 199.

corresponde a estes, em primeiro lugar, regular as relações mútuas do trabalho. Só no caso de os interessados não cumprirem ou não poderem cumprir o seu dever, "compete ao Estado intervir no campo da divisão e distribuição do trabalho, segundo a forma e a medida requeridas pelo bem comum devidamente entendido".[16]

45. Quanto à família, o Sumo Pontífice afirma que a propriedade privada dos bens materiais deve ser considerada como "espaço vital da família, isto é, meio apto para assegurar ao pai de família a sã liberdade de que necessita para poder cumprir os deveres que lhe foram impostos pelo Criador, para o bem-estar físico, espiritual e religioso dos seus".[17] Isso confere também à família o direito de emigrar. Sobre este ponto, o nosso predecessor adverte que os Estados, tanto os que permitem a emigração como os que acolhem novos elementos, se procurarem eliminar tudo o que "pode impedir o nascimento e o progresso de uma verdadeira confiança"[18] mútua, conseguirão uma vantagem recíproca e contribuirão simultaneamente para o incremento do bem-estar humano e do avanço da cultura.

Ulteriores modificações

46. A situação, já mudada ao tempo da comemoração celebrada por Pio XII, sofreu nestes vinte anos profundas inovações, quer no interior dos países, quer nas suas relações mútuas.

---

[16] Cf. ibid., p. 201.

[17] Cf. ibid., p. 202.

[18] Cf. ibid., p. 203.

47. No campo científico, técnico e econômico: a descoberta da energia nuclear, as suas primeiras aplicações para fins bélicos e depois a sua utilização cada vez maior para fins pacíficos; as possibilidades ilimitadas abertas pela química aos produtos sintéticos; a difusão da automatização e da automação no setor industrial e no dos serviços de utilidade geral; a modernização do setor agrícola; o quase desaparecimento das distâncias nas comunicações, sobretudo por causa do rádio e da televisão; a rapidez crescente dos transportes; e o princípio da conquista dos espaços interplanetários.

48. No campo social: a difusão dos seguros sociais, e, em algumas nações economicamente desenvolvidas, o estabelecimento de sistemas de previdência social; a formação e extensão, nos movimentos sindicais, de uma atitude de responsabilidade perante os maiores problemas econômicos e sociais; a elevação progressiva da instrução de base; um bem-estar cada vez mais generalizado; a crescente mobilidade social e a consequente remoção das barreiras entre as classes; o interesse do homem de cultura média pelos acontecimentos diários de repercussão mundial. Além disso, o aumento da eficiência dos sistemas econômicos, em cada vez maior número de países, evidencia mais ainda os desequilíbrios econômicos e sociais entre o setor agrícola, por um lado, e o setor da indústria e dos serviços de utilidade geral, por outro; entre zonas economicamente desenvolvidas e zonas menos desenvolvidas no interior de cada país. E, no plano internacional, são mais melindrosos ainda os desequilíbrios econômicos e sociais entre países economicamente desenvolvidos e países economicamente em vias de desenvolvimento.

49. No campo político: em muitos países, a participação na vida pública de um número cada vez maior de cidadãos de diversas condições sociais; a difusão e a penetração da atividade dos poderes públicos no campo econômico e social. Acresce, além disso, no plano internacional, o declínio dos regimes coloniais e a conquista da independência política conseguida pelos povos da Ásia e da África; a multiplicação e a complexidade das relações entre os povos e o aumento da sua interdependência; a criação e o desenvolvimento de uma rede cada vez mais apertada de organismos de projeção mundial, com tendência a inspirar-se em critérios supranacionais: organismos de finalidades econômicas, sociais, culturais e políticas.

Temas da nova encíclica

50. Sentimo-nos no dever de conservar viva a chama acesa pelos nossos grandes predecessores e de exortar a todos a que nela busquem incentivo e luz para resolverem a questão social da maneira mais adequada aos nossos tempos. Por esse motivo, comemorando de forma solene a encíclica leonina, comprazemo-nos em aproveitar a ocasião para repetir e precisar pontos de doutrina já expostos pelos nossos predecessores, e, ao mesmo tempo, fazer uma exposição desenvolvida do pensamento da Igreja, relativo aos novos e mais importantes problemas do momento.

SEGUNDA PARTE

ACLARAÇÕES E AMPLIAÇÕES DOS ENSINAMENTOS DA ***RERUM NOVARUM***

Iniciativa pessoal e intervenção dos poderes públicos em matéria econômica

51. Devemos afirmar desde já que o mundo econômico é criação da iniciativa pessoal dos cidadãos, quer desenvolvam a sua atividade individualmente, quer façam parte de alguma associação destinada a promover interesses comuns.

52. Mas nele, pelas razões já aduzidas pelos nossos predecessores, devem intervir também os poderes públicos, com o fim de promoverem devidamente o acréscimo de produção para o progresso social e em benefício de todos os cidadãos.

53. A ação desses poderes, que deve ter caráter de orientação, de estímulo, de coordenação, de suplência e de integração, há de inspirar-se no "princípio de subsidiariedade",[1] formulado por Pio XI na encíclica *Quadragesimo Anno*: "Deve, contudo, manter-se firme o princípio importantíssimo em filosofia social: do mesmo modo que não é lícito tirar aos indivíduos, a fim de o transferir para a comunidade, aquilo que eles podem realizar com as forças e a indústria que possuem, é também injusto entregar a uma sociedade maior e mais alta o que pode ser feito por comunidades menores e inferiores. Isso seria, ao mesmo tempo, grave dano e perturbação da justa ordem da sociedade; porque o objeto

---

[1] Cf. AAS, 23(1931), p. 203.

natural de qualquer intervenção da mesma sociedade é ajudar de maneira supletiva os membros do corpo social, e não destruí-los e absorvê-los".[2]

54. É verdade que hoje os progressos dos conhecimentos científicos e das técnicas de produção oferecem aos poderes públicos maiores possibilidades concretas de reduzir os desequilíbrios entre os diferentes fatores produtivos, entre as várias zonas no interior dos países e entre as diversas nações no plano mundial. Permitem, além disso, limitar as oscilações nas alternativas das situações econômicas e enfrentar com esperança de resultados positivos os fenômenos do desemprego das massas. Por conseguinte, os poderes públicos, responsáveis pelo bem comum, não podem deixar de sentir-se obrigados a exercer no campo econômico uma ação multiforme, mais vasta e mais orgânica; como também a adaptar-se, para esse fim, às estruturas e competências, nos meios e nos métodos.

55. Mas é preciso reafirmar sempre o princípio de que a presença do Estado no campo econômico, por mais ampla e penetrante que seja, não pode ter como meta reduzir cada vez mais a esfera da liberdade na iniciativa pessoal dos cidadãos, mas, deve, pelo contrário, garantir a essa esfera a maior amplidão possível, protegendo efetivamente, em favor de todos e de cada um, os direitos essenciais da pessoa humana. Entre estes há de enumerar-se o direito, que todos têm, de serem e permanecerem normalmente os primeiros responsáveis pela manutenção própria e da família; ora, isso implica que, nos sistemas econômicos, se consinta e facilite o livre exercício das atividades produtivas.

---

[2] Cf. ibid., p. 203.

56. Aliás, até a evolução histórica põe em evidência cada vez maior o fato de se não poder conseguir uma convivência ordenada e fecunda sem a colaboração, no campo econômico, ao mesmo tempo dos cidadãos e dos poderes públicos; colaboração simultânea realizada harmonicamente, em proporções correspondentes às exigências do bem comum no meio das situações variáveis e das vicissitudes humanas.

57. De fato, a experiência ensina que, onde falta a iniciativa pessoal dos indivíduos, domina a tirania política; e há ao mesmo tempo estagnação nos setores econômicos, destinados a produzir sobretudo a gama indefinida dos bens de consumo e de serviços que se relacionam não só com as necessidades materiais, mas também com as exigências do espírito: bens e serviços que exigem, de modo especial, o gênio criador dos indivíduos.

58. Onde, por outro lado, falta ou é defeituosa a necessária atuação do Estado, há desordem insanável; e os fracos são explorados pelos fortes menos escrupulosos, que medram, por toda a parte e em todo o tempo, como a cizânia no meio do trigo.

A SOCIALIZAÇÃO

Origens e extensão do fenômeno

59. A socialização é um dos aspectos característicos da nossa época. Consiste na multiplicação progressiva das relações dentro da convivência social, e comporta a associação de várias formas

de vida e de atividade, e a criação de instituições jurídicas. O fato deve-se a multíplices causas históricas, como aos progressos científicos e técnicos, à maior eficiência produtiva e ao aumento do nível de vida.

60. A socialização é simultaneamente efeito e causa de uma crescente intervenção dos poderes públicos, mesmo nos domínios mais delicados, como os da saúde, da instrução e educação das novas gerações, da orientação profissional, dos métodos de recuperação e readaptação dos indivíduos de algum modo menos dotados. Mas é também fruto e expressão de uma tendência natural, quase irreprimível, dos seres humanos: tendência a associarem-se para fins que ultrapassam as capacidades e os meios de que podem dispor os indivíduos em particular. Essa tendência deu origem, sobretudo nestes últimos decênios, a grande variedade de grupos, movimentos, associações e instituições, com finalidades econômicas, culturais, sociais, desportivas, recreativas, profissionais e políticas, tanto nos diversos países como no plano mundial.

Apreciação

61. É claro que a socialização assim entendida tem numerosas vantagens: torna possível satisfazer muitos direitos da pessoa humana, especialmente os chamados econômicos e sociais; por exemplo, o direito aos meios indispensáveis ao sustento, ao tratamento médico, a uma educação de base mais elevada, a uma formação profissional mais adequada, à habitação, ao trabalho, a um repouso conveniente e à recreação. Além disso, através da organização cada vez mais perfeita dos meios modernos de comunicação – imprensa, cinema, rádio e

televisão –, permite-se a todos de participar nos acontecimentos de caráter mundial.

62. Mas, por outro lado, a socialização multiplica os organismos e torna sempre mais minuciosa a regulamentação jurídica das relações entre os homens, em todos os domínios. Desse modo, restringe o campo da liberdade de ação dos indivíduos. Utiliza meios, segue métodos e cria círculos fechados, que tornam difícil a cada um pensar independentemente dos influxos externos, agir por iniciativa própria, exercer a própria responsabilidade, afirmar e enriquecer a própria pessoa. Sendo assim, deverá concluir-se que a socialização, crescendo em amplitude e profundidade, chegará a reduzir necessariamente os homens a autômatos? A esta pergunta temos de responder negativamente.

63. Não se deve considerar a socialização como resultado de forças naturais impelidas pelo determinismo; ao contrário, como já observamos, é obra dos homens, seres conscientes e livres, levados por natureza a agir como responsáveis, ainda que em suas ações sejam obrigados a reconhecer e respeitar as leis do progresso econômico e social, e não possam subtrair-se de todo à pressão do ambiente.

64. Por isso, concluímos que a socialização pode e deve realizar-se de maneira que se obtenham as vantagens que ela traz consigo e se evitem ou reprimam as consequências negativas.

65. Para o conseguir, requer-se, porém, que as autoridades públicas se tenham formado, e realizem praticamente, uma concepção exata do bem comum; este compreende o conjunto das condições sociais que permitem e favorecem nos homens o desenvolvimento integral da personalidade. E cremos necessário, além disso, que os corpos intermediários e as diversas iniciativas sociais, em que

sobretudo procura exprimir-se e realizar-se a socialização, gozem de uma autonomia efetiva relativamente aos poderes públicos, e vão no sentido dos seus interesses específicos, com espírito de leal colaboração mútua e de subordinação às exigências do bem comum. Nem é menos necessário que os ditos corpos apresentem forma e substância de verdadeiras comunidades, isto é, que os seus membros sejam considerados e tratados como pessoas, e estimulados a participar ativamente na vida associativa.

66. As organizações da sociedade contemporânea desenvolvem-se, e a ordem dentro delas se consegue, cada vez mais, graças a um equilíbrio renovado: exigência, por um lado, de colaboração autônoma prestada por todos, indivíduos e grupos; e, por outro lado, coordenação no devido tempo e orientação promovidas pelas autoridades públicas.

67. Se a socialização se praticasse em conformidade com as leis morais indicadas, não traria, por sua natureza, perigos graves de vir a oprimir os indivíduos. Pelo contrário, ajudaria a que nestes se desenvolvessem as qualidades próprias da pessoa humana. Reorganizaria até a vida comum, tal como a apresentava o nosso predecessor Pio XI, na encíclica *Quadragesimo Anno*:[3] condição indispensável para a satisfação das exigências da justiça social.

---

[3] Cf. AAS, 23(1931), p. 222s.

A REMUNERAÇÃO DO TRABALHO

Critérios de justiça e de equidade

68. Amargura profunda invade o nosso espírito diante do espetáculo tristíssimo de inumeráveis trabalhadores em muitas nações e continentes inteiros, os quais recebem um salário que os submete, a eles e às famílias, a condições de vida infra-humanas. Isso se deve também a estar nos seus primórdios, ou numa fase de insuficiente desenvolvimento, o processo da industrialização nessas nações e continentes.

69. Mas, em alguns desses países, a abundância e o luxo desenfreado de uns poucos privilegiados contrasta, de maneira estridente e ofensiva, com as condições de mal-estar extremo da maioria; em outras nações obriga-se a atual geração a viver privações desumanas para o poder econômico nacional crescer segundo um ritmo de aceleração que ultrapassa os limites marcados pela justiça e pela humanidade; e em outras, parte notável do rendimento nacional consome-se em reforçar ou manter um mal-entendido prestígio nacional, ou gastam-se somas altíssimas nos armamentos.

70. Além disso, nos países economicamente desenvolvidos, não é raro que, para ofícios pouco absorventes ou de valor discutível, se estabeleçam distribuições ingentes, enquanto as correspondentes ao trabalho assíduo e profícuo de categorias inteiras de cidadãos honestos e operosos são demasiado reduzidas, insuficientes ou, pelo menos, desproporcionadas com a ajuda que eles prestam à comunidade, ou

com o rendimento da respectiva empresa, ou com o rendimento total da economia da nação.

71. Julgamos, pois, dever nosso afirmar uma vez mais que a retribuição do trabalho, assim como não pode ser inteiramente abandonada às leis do mercado, também não pode fixar-se arbitrariamente; há de estabelecer-se segundo a justiça e a equidade. É necessário que aos trabalhadores se dê um salário que lhes proporcione um nível de vida verdadeiramente humano e lhes permita enfrentar com dignidade as responsabilidades familiares. É preciso igualmente que, ao determinar-se a retribuição, se tenham em conta o concurso efetivo dos trabalhadores para a produção, as condições econômicas das empresas e as exigências do bem comum nacional. Considerem-se de modo especial as repercussões sobre o emprego global das forças de trabalho dentro do país inteiro, e ainda as exigências do bem comum universal, isto é, as que dizem respeito às comunidades internacionais, de natureza e extensão diversas.

72. É claro que os critérios acima expostos valem sempre e em toda parte. Contudo, não é possível determinar a medida em que devem aplicar-se, sem atender à riqueza disponível; esta pode variar e varia de fato, na quantidade e na qualidade, de nação para nação; e, mesmo dentro da mesma nação, de uma época para outra.

Ajustamento entre o progresso econômico e o progresso social

73. Enquanto as economias dos vários países se desenvolvem rapidamente, com ritmo ainda mais intenso neste último após guerra, julgamos oportuno lembrar um princípio fundamental. O progresso

social deve acompanhar e igualar o desenvolvimento econômico, de modo que todas as categorias sociais tenham parte nos produtos obtidos em maior quantidade. É preciso, pois, vigiar com atenção e trabalhar eficazmente para que os desequilíbrios econômicos e sociais não cresçam, antes, quanto possível, se vão atenuando.

74. "A própria economia nacional – nota sabiamente o nosso predecessor Pio XII –, como é fruto da atividade de homens que trabalham unidos na comunidade política, assim não tende senão a assegurar, sem interrupção, as condições materiais em que poderá desenvolver-se plenamente a vida individual dos cidadãos. Onde isso se conseguir, e de modo duradouro, um povo será, de verdade, economicamente rico, porque o bem-estar geral, e, por conseguinte, o direito pessoal de todos ao uso dos bens terrenos, encontra-se desse modo realizado conforme o plano estabelecido pelo Criador".[4] Daí se segue que a riqueza econômica de um povo não depende só da abundância global dos bens, mas também, e mais ainda, da real e eficaz distribuição deles segundo a justiça, para tornar possível a melhoria do estado pessoal dos membros da sociedade: é este o fim verdadeiro da economia nacional.

75. Não podemos deixar de aludir ao fato de que hoje, em muitas economias, as médias e grandes empresas conseguem com frequência aumentar rápida e consideravelmente a capacidade produtiva por meio do autofinanciamento. Nesses casos, cremos poder afirmar que aos trabalhadores se deve reconhecer um título de crédito nas empresas

---

[4] Cf. AAS, 33(1941), p. 200.

em que trabalham, especialmente se ainda lhes toca uma retribuição não superior ao salário mínimo.

76. A este propósito convém recordar o princípio exposto pelo nosso predecessor Pio XI, na encíclica *Quadragesimo Anno*: "É completamente falso atribuir só ao capital, ou só ao trabalho, aquilo que se obtém com a ação conjunta de um e de outro, e é também de todo injusto que um deles, negando a eficácia do contributo do outro, se arrogue somente a si tudo o que se realiza".[5]

77. A essa exigência de justiça pode satisfazer-se de diversas maneiras que a experiência sugere. Uma delas, e das mais desejáveis, consiste em fazer que os trabalhadores possam chegar a participar na propriedade das empresas, da forma e no grau mais convenientes. Pois nos nossos dias, mais ainda que nos tempos do nosso predecessor, "é necessário procurar com todo o empenho que, para o futuro, os capitais ganhos, não se acumulem nas mãos dos ricos senão na justa medida, e se distribuam com certa abundância entre os operários".[6]

78. Devemos ainda recordar que o equilíbrio entre a remuneração do trabalho e o rendimento deve conseguir-se em harmonia com as exigências do bem comum, tanto da comunidade nacional como de toda a família humana.

79. Devem considerar-se exigências do bem comum no plano nacional: dar emprego ao maior número possível de trabalhadores; evitar que se constituam categorias privilegiadas, mesmo entre trabalhadores; manter uma justa proporção entre salários e preços; tornar acessíveis

---

[5] Cf. AAS, 23 (1931), p. 195.

[6] Cf. ibid., p. 198.

bens e serviços de interesse geral ao maior número de cidadãos; eliminar ou reduzir os desequilíbrios entre os setores da agricultura, da indústria e dos serviços; realizar o equilíbrio entre a expansão econômica e o desenvolvimento dos serviços públicos essenciais; adaptar, na medida do possível, as estruturas produtivas aos progressos das ciências e das técnicas; moderar o teor de vida já melhorado da geração presente, tendo a intenção de preparar um porvir melhor às gerações futuras.

80. São exigências do bem comum no plano mundial: evitar qualquer forma de concorrência desleal entre as economias dos vários países; favorecer a colaboração entre as economias nacionais, por meio de convênios eficazes; cooperar para o desenvolvimento econômico dos países menos prósperos.

81. É claro que essas exigências do bem comum, nacional ou mundial, também se devem ter presentes quando se trata de fixar as partes de rendimento que se hão de entregar, sob forma de ganhos, aos responsáveis pela direção das empresas; e, sob forma de juros ou dividendos, aos que forneceram os capitais.

AS EXIGÊNCIAS DA JUSTIÇA QUANTO ÀS ESTRUTURAS PRODUTIVAS

Estruturas conforme à dignidade do homem

82. A justiça há de respeitar-se, não só na distribuição da riqueza, mas também na estrutura das empresas em que se exerce a atividade produtiva. Na verdade, exige a natureza que os homens, no exercício da

atividade produtiva, encontrem possibilidade de empenhar a própria responsabilidade e aperfeiçoar o próprio ser.

83. Por isso, quando as estruturas, o funcionamento e o condicionalismo de um sistema econômico comprometem a dignidade humana dos que nele trabalham, entorpecem sistematicamente o sentido da responsabilidade ou impedem que a iniciativa pessoal se manifeste, tal sistema é injusto, mesmo se, por hipótese, a riqueza nele produzida alcança altos níveis e é distribuída segundo as regras da justiça e da equidade.

Confirmação de uma diretriz

84. Não é possível determinar, em pormenor, quais as estruturas do sistema econômico que melhor correspondem à dignidade humana e mais eficazmente desenvolvem o sentido da responsabilidade. Contudo, o nosso predecessor Pio XII indica oportunamente esta diretriz: "A propriedade agrícola pequena e média, a artesanal e profissional, comercial e industrial, deve ser assegurada e promovida; as uniões cooperativistas devem garantir-lhes as vantagens próprias da grande exploração; e nas grandes explorações deve ficar aberta a possibilidade de suavizar o contrato de trabalho pelo contrato da sociedade".[7]

Empresas artesanais e cooperativas de produção

85. Devem-se conservar e promover, de harmonia com o bem comum e conforme as possibilidades técnicas, a empresa artesanal,

---

[7] *Radiomensagem* de 1º de setembro de 1944; cf. AAS, 36(1944), p. 254.

a exploração agrícola familiar e também a empresa cooperativista, como integração das duas precedentes.

86. Mais adiante, voltaremos a falar da empresa agrícola familiar. Aqui, julgamos oportuno algumas observações acerca da empresa artesanal e das cooperativas.

87. Antes de tudo, é preciso notar que ambas as empresas, para conseguir viver, devem adaptar-se constantemente, nas estruturas, no funcionamento e nos tipos de produtos, às situações sempre novas, determinadas pelos progressos das ciências e das técnicas, e ainda pela variação nas exigências e preferências dos consumidores. Adaptação que tem de realizar, primeiro que todos, o artesanato e os sócios das cooperativas.

88. Para esse fim, é necessário que uns e outros possuam uma boa formação não só técnica, mas também humana, e se encontrem organizados profissionalmente; e é também indispensável que se exerça uma política econômica apropriada, no que diz respeito, sobretudo, à instrução, ao regime fiscal, ao crédito e à previdência social.

89. Por outro lado, a ação dos poderes públicos em favor do artesanato e dos sócios das cooperativas encontra-se também justificada pelo fato de representar categorias a que pertencem valores humanos genuínos e que contribuem para o progresso da civilização.

90. Por estes motivos, convidamos, com amor paternal, os nossos caríssimos filhos, artífices e sócios das cooperativas, espalhados pelo mundo inteiro, a tomarem consciência da nobreza da sua profissão e da importância do que fazem para, nas comunidades nacionais, se manter o sentimento da responsabilidade e o espírito de colaboração, e se conservar vivo o amor do trabalho perfeito e original.

Presença ativa dos trabalhadores nas médias e grandes empresas

91. Seguindo na direção indicada pelos nossos predecessores, também nós consideramos que é legítima nos trabalhadores a aspiração a participarem ativamente na vida das empresas em que estão inseridos e trabalham. Não é possível determinar antecipadamente o modo e o grau dessa participação, dependendo eles do estado concreto que apresenta cada empresa. Essa situação pode variar de empresa para empresa, e, dentro de cada empresa, está sujeita a alterações muitas vezes rápidas e fundamentais. Julgamos, contudo, útil chamar a atenção para a continuidade da presença ativa dos trabalhadores, tanto na empresa particular como na pública; deve-se tender sempre para que a empresa se torne uma comunidade de pessoas, nas relações, nas funções e na situação de todo o seu pessoal.

92. Ora, isso exige que as relações entre empresários e dirigentes, por um lado, e trabalhadores, por outro, sejam caracterizadas pelo respeito, pela estima e compreensão, pela colaboração leal e ativa, e pelo amor da obra comum; e que o trabalho seja considerado e vivido por todos os membros da empresa, não só como fonte de lucros, mas também como cumprimento de um dever e prestação de um serviço. O que supõe, também, poderem os trabalhadores fazer ouvir a sua voz e contribuir para o bom funcionamento e o progresso da empresa. Observava o nosso predecessor Pio XII: "A função econômica e social, que todo o homem aspira a desempenhar, exige que a atividade de cada um não se encontre submetida totalmente à vontade alheia".[8] Uma

---

[8] Alocução de 8 de outubro de 1956; cf. AAS, 48(1956), p. 999-800.

concepção humana da empresa deve, sem dúvida, salvaguardar a autoridade e a eficiência necessária da unidade de direção; porém, não pode reduzir os colaboradores de todos os dias à condição de simples e silenciosos executores, sem qualquer possibilidade de fazerem valer a própria experiência, completamente passivos quanto às decisões que os dirigem.

93. É de notar, por último, que o exercício da responsabilidade, por parte dos empregados nos organismos produtivos, não só corresponde às exigências legítimas, próprias da natureza humana, mas está também em harmonia com o progresso histórico em matéria econômica, social e política.

94. Infelizmente, como já indicamos e veremos ainda mais extensamente, não são poucos os desequilíbrios econômicos e sociais que ofendem hoje a justiça e a humanidade; e erros gravíssimos ameaçam as atividades, os fins, as estruturas e o funcionamento do mundo econômico. Apesar disso, não se pode negar que os regimes econômicos, sob o impulso do progresso científico e técnico, se vão hoje modernizando e tornando mais eficientes, a um ritmo muito mais rápido que antigamente. Isso exige dos trabalhadores aptidões e habilitações profissionais mais elevadas. Ao mesmo tempo e como consequência, encontram eles a sua disposição maior número de meios e mais extensas margens de tempo, para se instruírem e atualizarem e para aperfeiçoarem a própria cultura e a formação moral e religiosa.

95. Torna-se também possível aumentar os anos destinados à educação de base e à formação profissional das novas gerações.

96. Vai-se, desse modo, criando um ambiente humano que favorece a possibilidade de as classes trabalhadoras assumirem maiores

responsabilidades mesmo dentro das empresas; e as nações têm cada vez maior interesse em que todos os cidadãos se considerem responsáveis pela realização do bem comum, em todos os setores da vida social.

Presença dos trabalhadores em todos os níveis

97. Na época moderna, aumentou notavelmente o movimento associativo dos trabalhadores; e foi reconhecido, em geral, nas disposições jurídicas dos estados e até no plano internacional, especialmente como instrumento de colaboração prestada, sobretudo, por meio do contrato coletivo. Não podemos, todavia, deixar de notar como é útil ou até necessário que a voz dos trabalhadores tenha possibilidade de se fazer ouvir e atender, fora mesmo de cada organismo produtivo, e isso em todos os níveis.

98. A razão está em que os organismos produtivos, por mais extensas que sejam as suas dimensões e maior e mais profunda a sua eficiência, são órgãos vitais na estruturação econômica e social das respectivas nações, e estão condicionados por ela.

99. Todavia, as resoluções, que mais influem no conjunto, não são tomadas pelo organismo produtivo, mas sim pelos poderes públicos ou por instituições de alcance mundial, regional ou nacional, pertencentes à economia ou à produção. Daí a oportunidade, ou mesmo a necessidade, de fazerem parte desses poderes ou instituições, além dos que fornecem os capitais ou dos seus representantes, também os trabalhadores ou quem lhes representa os direitos, exigências e aspirações.

100. Nosso pensamento afetuoso e nosso paternal estímulo dirigem-se para as associações profissionais e os movimentos sindicais de inspiração cristã, presentes e ativos em vários continentes. Apesar de muitas dificuldades, por vezes bem sérias, eles têm sabido trabalhar e continuam a fazê-lo, a favor dos interesses dos trabalhadores e da sua elevação material e moral, tanto no interior de cada país como no plano mundial.

101. É com satisfação que julgamos dever nosso fazer notar que o seu trabalho não há de ser medido apenas pelos resultados diretos e imediatos, que se encontram à vista, mas também pelas repercussões positivas sobre todo o mundo do trabalho, onde difunde ideias bem orientadas e exerce um influxo cristãmente renovador.

102. Digno de estima é igualmente o influxo que os nossos amados filhos exercem, com espírito cristão, nas outras associações profissionais e sindicais, inspiradas nos princípios naturais da convivência e respeitadoras da liberdade de consciência.

103. Apraz-nos expressar a nossa estima sincera pela Organização Internacional do Trabalho (OIT). Há dezenas de anos que ela vai contribuindo, de maneira eficaz e preciosa, para implantar no mundo uma ordem econômica e social baseada na justiça e na humanidade, ordem que exprime também as legítimas reivindicações dos trabalhadores.

A PROPRIEDADE PRIVADA

Situação nova

104. Nestes últimos decênios, como é do conhecimento geral, nos maiores organismos econômicos foi acentuando-se cada vez mais a separação entre a propriedade dos bens produtivos e as responsabilidades na direção. Sabemos que nasceram daí problemas difíceis de controle para os poderes públicos, tendo eles de conseguir que os objetivos pretendidos pelos dirigentes de grandes organizações, sobretudo daqueles que têm maior influência em toda a vida econômica de um país, não se oponham às exigências do bem comum. Esses problemas, como prova a experiência, surgem tanto se os capitais das grandes empresas são de propriedade privada como se pertencem a entidades públicas.

105. É verdade que hoje já há um bom número de cidadãos, e cada dia vão sendo mais, que, fiados em organismos de seguros ou de previdência social, olham com serenidade para o futuro: serenidade que, em outros tempos, se fundava sobre a posse de patrimônios, embora fossem modestos.

106. Por último, observe-se que nos nossos dias o homem aspira mais a conseguir habilitações profissionais do que tornar-se proprietário de bens; e tem maior confiança nos recursos que provêm do trabalho ou no direito baseado no mesmo, do que em rendimentos vindos do capital ou em direitos nele fundados.

107. Isso se encontra, aliás, em harmonia com a nobreza do trabalho como afirmação imediata da pessoa diante do capital, que

é, por sua natureza, instrumento. Essa mudança de mentalidade há de considerar-se, portanto, um progresso na civilização humana.

108. Os aspectos indicados do mundo econômico têm contribuído para espalhar a dúvida sobre se deixou de ter valor hoje, ou perdeu importância, um princípio de ordem econômica e social constantemente ensinado e propugnado pelos nossos predecessores, o qual diz ser de direito natural a propriedade privada, mesmo se tratando de bens produtivos.

Reafirmação do direito de propriedade

109. Essa dúvida não tem razão de ser. O direito de propriedade privada, mesmo sobre bens produtivos, tem valor permanente, pela simples razão de ser um direito natural fundado sobre a prioridade ontológica e finalista de cada ser humano em relação à sociedade. Seria, aliás, inútil insistir na livre iniciativa pessoal em campo econômico, se a essa iniciativa não fosse permitido dispor livremente dos meios indispensáveis para se afirmar. Além disso, a história e a experiência provam que, nos regimes políticos que não reconhecem o direito de propriedade privada sobre os bens produtivos, são oprimidas ou sufocadas as expressões fundamentais da liberdade; é legítimo, portanto, concluir que estas encontram naquele direito garantia e incentivo.

110. Assim se explica como certos movimentos sociais e políticos que se propõem conciliar na vida social a justiça com a liberdade, e que eram, até há pouco, claramente opostos ao direito de propriedade privada dos bens de produção, hoje, mais bem informados da realidade, reveem a própria posição e tomam uma atitude substancialmente favorável a esse direito.

111. Fazemos nossas, nesta matéria, as observações do nosso predecessor Pio XII: "Quando a Igreja defende o princípio da propriedade privada, tem em vista um alto fim ético e social. Não quer dizer que ela pretenda conservar pura e simplesmente o estado presente das coisas, como se nele visse a expressão da vontade divina, nem proteger por princípio o rico e o plutocrata, contra o pobre e o proletário... A Igreja pretende conseguir que a instituição da propriedade privada venha a ser o que deve, conforme o desígnio da Sabedoria Divina e as disposições da natureza".[9] Quer dizer, pretende que a propriedade privada seja garantia da liberdade essencial da pessoa humana e elemento insubstituível da ordem social.

112. Observamos também que hoje as economias, em muitos países, vão aumentando rapidamente a própria eficiência produtiva. Mas, crescendo o rendimento, exigem a justiça e a equidade, como já se viu, que seja também elevada a remuneração do trabalho, dentro dos limites consentidos pelo bem comum. Isso dará aos trabalhadores maior facilidade de poupar e constituir um patrimônio. Não se compreende, portanto, como se pode contestar o caráter natural de um direito que encontra a sua principal fonte e o seu alimento perpétuo na fecundidade do trabalho; que constitui um meio apropriado para a afirmação da pessoa humana e para o exercício da responsabilidade em todos os campos; e que é elemento de estabilidade serena para a família, e de pacífico e ordenado progresso na convivência social.

---

[9] *Radiomensagem* de 1º de setembro de 1944; cf. AAS, 36(1944), p. 253.

Difusão efetiva

113. Não basta afirmar que o caráter natural do direito de propriedade privada se aplica também aos bens produtivos; é necessário ainda insistir para que ela se difunda efetivamente entre todas as classes sociais.

114. Como afirma o nosso predecessor Pio XII, a dignidade da pessoa humana "exige normalmente, como fundamento natural para a vida, o direito ao uso dos bens da terra, ao qual corresponde a obrigação fundamental de conceder uma propriedade privada, na medida do possível a todos",[10] e, por outro lado, entre as exigências que derivam da nobreza moral do trabalho, encontra-se também "a da conservação e do aperfeiçoamento de uma ordem social que torne possível e assegure a todas as classes do povo a propriedade privada, embora seja modesta".[11]

115. Ainda mais se deve urgir a difusão da propriedade num tempo como o nosso, em que, como já se indicou, mais numerosos são os países que desenvolvem rapidamente os próprios sistemas econômicos. Por isso, utilizando os vários recursos técnicos de eficiência comprovada, não é difícil promover iniciativas e exercer uma política econômica e social que alente e facilite difusão mais extensa da propriedade particular dos bens de consumo duráveis, da habitação, das terras, das ferramentas dos artífices e alfaias da casa agrícola e de ações nas médias e grandes empresas. Alguns países,

---

[10] *Radiomensagem* de 24 de dezembro de 1942, cf. AAS, 35(1943), p. 17.

[11] Cf. ibid., p. 20.

economicamente prósperos e socialmente avançados, já o estão experimentando com feliz resultado.

Propriedade pública

116. O que fica dito não exclui, como é óbvio, que também o Estado e outras entidades públicas possam legitimamente possuir, em propriedade, bens produtivos, especialmente quando "eles chegam a conferir tal poder econômico, que não é possível deixá-lo nas mãos de pessoas privadas sem perigo do bem comum".[12] A época moderna tende para a expansão da propriedade pública: do Estado e de outras coletividades. O fato explica-se pelas funções, cada vez mais extensas, que o bem comum exige dos poderes públicos. Mas, também nesta matéria, deve aplicar-se o princípio da subsidiariedade, acima enunciado. Assim, o Estado, e, como ele, as outras entidades de direito público, não devem aumentar a sua propriedade senão na medida em que verdadeiramente o exijam motivos evidentes do bem comum, e não apenas com o fim de reduzir, e menos ainda eliminar, a propriedade privada.

117. Nem se pode esquecer que as iniciativas econômicas do Estado, e das outras entidades de direito público, devem confiar-se a pessoas que juntem, à competência provada, a honestidade reconhecida e um vivo sentimento de responsabilidade para com o país. Além disso, a atividade que exercem deve estar sujeita a uma vigilância atenta e constante, mesmo para evitar que, dentro da própria organização do

---

[12] Carta Encíclica *Quadragesimo Anno*: AAS, 23(1931), p. 214.

Estado, se formem núcleos de poder econômico, com prejuízo do bem da comunidade, que é a sua razão de ser.

Função social

118. Outro ponto de doutrina, proposto constantemente pelos nossos predecessores, é que o direito de propriedade privada sobre os bens possui intrinsecamente uma função social. No plano da criação, os bens da terra são primordialmente destinados à subsistência digna de todos os seres humanos, como ensina sabiamente o nosso predecessor Leão XIII, na encíclica *Rerum Novarum*: "Quem recebeu da liberalidade divina maior abundância de bens, ou externos e corporais ou espirituais, recebeu-os para os fazer servir ao aperfeiçoamento próprio, e simultaneamente, como ministro da Divina Providência, à utilidade dos outros: 'quem tiver talento, trate de não o esconder; quem tiver abundância de riquezas, não seja avaro no exercício da misericórdia; quem souber um ofício para viver, faça participar o seu próximo da utilidade e proveito do mesmo'".[13]

119. Hoje, tanto o Estado como as entidades de direito público vão estendendo continuamente o campo da sua presença e iniciativa. Mas nem por isso desapareceu, como alguns erroneamente tendem a pensar, a função social da propriedade privada: esta deriva da natureza mesma do direito de propriedade. Há sempre numerosas situações dolorosas e indigências delicadas e agudas, que a assistência pública não pode contemplar nem remediar. Por isso, continua sempre aberto um vasto campo à sensibilidade humana e

[13] *Acta Leonis* XIII,11(1891), p. 114; EE 3.

à caridade cristã dos indivíduos. Observe-se por último que, para desenvolver os valores espirituais, são muitas vezes mais fecundas as múltiplas iniciativas dos particulares ou dos grupos, que a ação dos poderes públicos.

120. Apraz-nos aqui recordar como o Evangelho considera legítimo o direito de propriedade privada. Ao mesmo tempo, porém, o Divino Mestre dirige frequentemente convites instantes aos ricos para que transformem os seus bens materiais em bens espirituais, repartindo-os com os necessitados: bens que o ladrão não rouba, nem a traça ou a ferrugem destroem, e que se encontrarão aumentados nos celeiros eternos do Pai do Céu: "Não ajunteis para vós tesouros na terra, onde a traça e o caruncho os corroem e onde os ladrões arrombam e roubam, mas ajuntai para vós tesouros nos céus, onde nem a traça, nem o caruncho corroem, e onde os ladrões não arrombam nem roubam" (Mt 6,19-20). E o Senhor considerará dada ou negada a si mesmo a esmola dada ou negada aos indigentes: "Todas as vezes que fizestes (estas coisas) a um desses meus irmãos mais pequeninos, a mim as fizestes" (Mt 25,40).

Terceira Parte

NOVOS ASPECTOS DA QUESTÃO SOCIAL

121. O avanço da história faz ressaltar cada vez mais as exigências da justiça e da equidade, que não intervêm apenas nas relações entre operários e empresas ou direção destas, mas dizem também respeito às relações entre os diversos setores econômicos, entre zonas economicamente desenvolvidas e zonas economicamente menos

desenvolvidas dentro da economia nacional, e, no plano, mundial, às relações entre países desigualmente desenvolvidos em matéria econômica e social.

EXIGÊNCIAS DA JUSTIÇA QUANTO ÀS RELAÇÕES ENTRE OS SETORES PRODUTIVOS

A agricultura, setor subdesenvolvido

122. Não parece que a população rural do mundo, considerada em toda a sua extensão, tenha diminuído, em números absolutos. Apesar disso, é incontestável que se dá um êxodo das populações rurais em direção aos centros urbanos. É um fato que se verifica em quase todos os países e algumas vezes atinge proporções enormes e cria problemas humanos complexos, difíceis de resolver.

123. Sabemos que, à medida que uma economia progride, diminui a mão de obra empregada na agricultura, aumenta a percentagem dos que trabalham na indústria e nos vários serviços. Pensamos, contudo, que o êxodo da população, do setor agrícola para outros setores produtivos, não é provocado somente pelo progresso econômico. Deve-se a múltiplas outras razões, como a vontade de fugir de um ambiente considerado fechado e sem futuro; a sede de novidades e aventuras, que domina a geração presente; a esperança de enriquecimento rápido; a miragem de uma vida mais livre, com os meios e facilidades que oferecem os aglomerados urbanos. Mas julgamos que não se pode duvidar de que esse êxodo é também provocado pelo fato

de ser o setor agrícola, quase em toda parte, um setor deprimido, tanto no que diz respeito ao índice de produtividade da mão de obra como pelo que se refere ao nível de vida das populações rurais.

124. Daí um problema de fundo, que se apresenta a quase todos os Estados: como reduzir o desequilíbrio da produtividade entre o setor agrícola, por um lado, e o setor industrial e os vários serviços, pelo outro? Isso para o nível de vida da população rural se distanciar o menos possível do nível de vida dos que trabalham na indústria e nos serviços; para os agricultores não sofrerem um complexo de inferioridade, antes, ao contrário, se persuadirem de que, também no meio rural, podem afirmar e aperfeiçoar a sua personalidade pelo trabalho, e olhar confiantes para o futuro.

125. Parece-nos, por isso, oportuno indicar algumas diretrizes suscetíveis de contribuírem para resolver o problema. Valem, pensamos nós, em qualquer ambiente histórico, contanto que sejam aplicadas, como é óbvio, da maneira e na medida que o ambiente permitir.

Adaptação dos serviços essenciais

126. Primeiramente, é indispensável que exista o empenho, sobretudo por parte dos poderes públicos, em que, nos ambientes agrícolas, se desenvolvam, como convém, os serviços essenciais: estradas, transportes, comunicações, água potável, alojamento, assistência sanitária, instrução elementar, formação técnica e profissional, boas condições para a vida religiosa, meios recreativos, e tudo o que requer a casa rural em mobiliário e modernização. Se faltarem nos meios rurais esses serviços, que hoje são elementos constitutivos de

um nível de vida digno, o desenvolvimento econômico e o progresso social tornam-se quase impossíveis ou demasiado lentos. Disso resulta que o êxodo da população rural se torna praticamente inevitável e dificilmente se consegue discipliná-lo.

Desenvolvimento gradual e harmonioso do sistema econômico

127. É necessário também que o desenvolvimento econômico da nação se realize de modo gradual e harmônico entre todos os setores produtivos. Quer dizer, é preciso que no setor agrícola se realizem as transformações que dizem respeito às técnicas da produção, à escolha das culturas e à estruturação das empresas, conforme as permitir ou exigir a vida econômica no seu conjunto; de maneira que se atinja, logo que seja possível, um nível de vida conveniente, comparado com o setor da indústria e dos vários serviços.

128. A agricultura chegará, assim, a absorver maior quantidade de bens industriais e a requerer serviços mais qualificados. Por sua vez, oferecerá aos outros dois setores e à comunidade inteira produtos que melhor correspondam, em quantidade e qualidade, às exigências do consumo; e contribuirá para a estabilização da moeda, elemento positivo para o progresso ordenado do sistema econômico total.

129. Desse modo, julgamos que se tornaria menos difícil regulamentar, tanto nas regiões de onde parte como naquelas a que se dirige o movimento da mão de obra, libertada pela modernização progressiva da agricultura; e seria possível dar-lhe a formação profissional requerida para a sua proveitosa inserção nos outros setores

produtivos, bem como ajuda econômica e preparação e assistência espiritual, necessárias à sua integração na sociedade.

Política econômica apropriada

130. Para se obter progresso econômico harmonioso entre todos os setores produtivos, requer-se uma política econômica hábil no campo agrícola, no que se refere ao regime fiscal, ao crédito, à previdência social, à defesa dos preços, ao fomento de indústrias complementares e à modernização dos estabelecimentos.

Regime fiscal

131. A distribuição dos encargos segundo a capacidade contributiva dos cidadãos é princípio fundamental de um sistema tributário justo e equitativo.

132. Mas corresponde também a uma exigência do bem comum ter presente, na distribuição tributária, que os lucros se obtêm com maior lentidão no setor agrícola e estão expostos a maiores riscos, havendo, além disso, maiores dificuldades para obter os capitais indispensáveis.

Capitais a juros convenientes

133. Pelas razões acima indicadas, os possuidores de capitais são pouco inclinados a investimentos neste setor, tendendo mais a investi-los em outros domínios. Assim, acontece que a agricultura não pode pagar juros elevados, nem sequer, ordinariamente, os juros habituais, para encontrar os capitais necessários ao seu desenvolvimento e ao exercício normal das suas atividades. Por conseguinte,

exige o bem comum que se aplique à agricultura uma política especial de crédito que assegure aos lavradores esses capitais a uma taxa razoável de juros.

Seguros sociais e previdência social

134. Na agricultura pode ser indispensável estabelecer dois sistemas diferentes de seguros: um, para os produtos agrícolas; e, outro, para os agricultores e suas famílias. Pelo simples fato de o rendimento agrícola *pro capite* ser geralmente inferior ao dos setores da indústria e dos serviços públicos, não seria conforme à justiça social e à equidade estabelecer sistemas e seguros sociais ou de previdência social em que os lavradores e respectivas famílias se vissem notavelmente menos bem tratados que os setores da indústria e dos serviços. Julgamos, porém, que a política social deve ter como objetivo proporcionar aos cidadãos um regime de seguro que não apresente diferenças notáveis, qualquer que seja o setor econômico em que trabalham ou de cujos rendimentos vivem.

135. Os sistemas de seguros sociais e de previdência social podem contribuir eficazmente para uma distribuição do rendimento total de um país, segundo critérios de justiça e de equidade; e podem, portanto, considerar-se como instrumento para reduzir os desequilíbrios dos níveis de vida entre as várias categorias de cidadãos.

Defesa dos preços

136. Dada a natureza dos produtos agrícolas, é necessário aplicar-lhes uma disciplina eficaz na defesa dos preços, utilizando para tal fim os diversos recursos que hoje pode fornecer a técnica

econômica. Seria muito desejável que essa disciplina fosse, sobretudo, obra das pessoas interessadas; não pode, porém, dispensar-se a ação reguladora dos poderes públicos.

137. Nem se esqueça, nesta matéria, que o preço dos produtos agrícolas constitui frequentemente mais retribuição do trabalho que remuneração do capital.

138. O Papa Pio XI, na encíclica *Quadragesimo Anno*, observa judiciosamente que para a realização do bem comum "contribui a justa proporção entre os salários"; mas acrescenta, logo a seguir: "Com ela está intimamente relacionada a proporção razoável entre os preços por que se vendem os produtos dos ramos diversos da atividade econômica, como são a agricultura, a indústria e outros semelhantes".[14]

139. Verdade é que os produtos agrícolas estão destinados a prover, antes de tudo, às necessidades humanas primárias; por isso, devem os preços ser tais que os tornem acessíveis a todos os consumidores. Todavia, é claro que não pode aduzir-se esse motivo para forçar uma categoria inteira de cidadãos a permanecer num estado de inferioridade econômica e social, privando-a de um poder de compra, indispensável a um nível de vida digno; o que seria evidentemente contrário ao bem comum.

Complemento dos rendimentos agrícolas

140. Convém promover, nas zonas agrícolas, as indústrias e os serviços de armazenagem, transformação e transporte dos produtos dos campos. É também para desejar que nessas zonas se levem a

---

[14] Cf. AAS, 23(1931), p. 202; EE 5/657.

efeito iniciativas referentes aos outros setores econômicos e às outras atividades profissionais. Desse modo, oferece-se às famílias dos agricultores a possibilidade de completarem os ganhos nos mesmos ambientes em que vivem e trabalham.

Adaptação estrutural da empresa agrícola

141. Não é possível estabelecer *a priori* qual a estrutura que mais convém à empresa agrícola, dada a variedade dos meios rurais no interior de cada país e, mais ainda, entre os diversos países do mundo. Contudo, quando se tem um conceito humano e cristão do homem e da família, não se pode deixar de considerar como ideal a empresa que funciona como comunidade de pessoas. Desse modo as relações, entre os seus membros e estruturas, correspondem às normas de justiça e ao espírito que já indicamos. De modo particular, deve considerar-se como ideal a empresa de dimensões familiares. Nem se pode deixar de trabalhar para que uma e outra cheguem a ser realidade, de acordo com as condições ambientais.

142. É oportuno, aliás, insistir em que a empresa de dimensões familiares será viável somente se dela puder obter-se um nível de vida digno para a família. Para isso, torna-se indispensável que os cultivadores sejam instruídos, modernizados continuamente e assistidos na técnica da sua profissão. É também indispensável que eles estabeleçam ampla rede de instituições cooperativistas, estejam profissionalmente organizados e tomem parte ativa na vida pública, tanto nos organismos administrativos como nos movimentos políticos.

Os agricultores, protagonistas da própria elevação

143. Estamos convencidos de que os protagonistas do progresso econômico e social e da elevação cultural nos meios rurais devem ser os mesmos interessados, quer dizer, os lavradores. Podem facilmente convencer-se de quanto é nobre o seu trabalho: vivem no templo majestoso da criação; estão em relações frequentes com a vida animal e vegetal, inesgotável nas expressões e inflexível nas leis, a qual lembra constantemente a Providência do Criador; das suas mãos, por assim dizer, brotam, em toda a sua variedade, os alimentos que sustentam a família humana; e com elas proporcionam à indústria um número cada vez maior de matérias-primas.

144. Esse trabalho manifesta igualmente a dignidade dos que o realizam e distingue-se pela riqueza dos conhecimentos de mecânica, química e biologia que exige; conhecimentos que devem atualizar-se constantemente, tantas são as repercussões dos progressos técnicos e científicos no setor agrícola. E, igualmente, um trabalho caracterizado pelos aspectos e valores morais que lhe são próprios, pois exige agilidade na orientação e adaptação, paciência na espera, sentido da responsabilidade, espírito perseverante e empreendedor.

Solidariedade e colaboração

145. Repare-se ainda que, no setor agrícola, como, aliás, em qualquer outro setor produtivo, a associação é atualmente uma exigência vital; e muito mais quando o setor se baseia na empresa familiar. Os trabalhadores da terra devem sentir-se solidários uns com outros, e colaborar na criação de iniciativas cooperativistas e associações

profissionais ou sindicais. Umas e outras são necessárias para tirar proveito dos progressos científicos e técnicos na produção, contribuir eficazmente para a defesa dos preços e chegar a um plano de igualdade com as profissões, ordinariamente organizadas dos outros setores produtivos; e para que a agricultura consiga fazer-se ouvir no campo político e junto dos órgãos da administração pública. Porque hoje as vozes isoladas quase não têm possibilidade de chamarem sobre si as atenções, e muito menos de se fazerem atender.

Sensibilidade às exigências do bem comum

146. Contudo, os lavradores, como, aliás, os trabalhadores de qualquer outro setor produtivo, ao utilizarem as suas multiformes organizações, devem conservar-se dentro da ordem moral e jurídica; quer dizer, devem conciliar os seus direitos e interesses com os das outras profissões e subordinar uns e outros às exigências do bem comum. Os agricultores, ao trabalharem pela melhoria e elevação do mundo rural, podem legitimamente pedir que o seu trabalho seja ajudado e completado pelos poderes públicos, contanto que eles mesmos mostrem atender às exigências do bem comum e contribuam para satisfazê-las.

147. É-nos grato expressar aqui nossa complacência àqueles filhos nossos que nas diversas partes do mundo se ocupam em organizações cooperativistas, profissionais e sindicais, tendentes à promoção econômica e social de todos os cultivadores da terra.

Vocação e missão

148. O homem encontra no trabalho agrícola mil incentivos para se afirmar, progredir e enriquecer, mesmo na esfera dos valores do espírito. É, portanto, um trabalho que se deve considerar e viver como vocação e missão, isto é, como resposta ao convite recebido de Deus para colaborar na realização do seu plano providencial na história, como compromisso tomado de se elevar cada um a si e elevar os outros, e ainda como auxílio para a civilização humana.

Nivelamento e promoção nas zonas subdesenvolvidas

149. Não é raro que, entre cidadãos do mesmo país, haja desigualdades econômicas e sociais pronunciadas. Isso se deve principalmente a viverem e trabalharem uns em zonas economicamente desenvolvidas e outros, em zonas atrasadas. A justiça e a equidade exigem que os poderes públicos se empenhem em eliminar ou diminuir essas desigualdades. Para isso, deve procurar-se que, nas zonas menos desenvolvidas, sejam garantidos os serviços públicos essenciais, segundo as formas e os graus sugeridos ou reclamados pelo meio e correspondentes, em princípio, ao padrão de vida médio vigente no país. Mas não se requer menos uma política econômica e social adequada, principalmente quanto à oferta de trabalho, às migrações da população, aos salários, aos impostos, ao crédito, aos investimentos, atendendo de modo particular às indústrias de caráter propulsivo: política capaz de promover a absorção e o emprego remunerador da mão de obra, de estimular o espírito empreendedor e de aproveitar os recursos locais.

150. Contudo, a ação dos poderes públicos há de encontrar sempre justificação em motivos de bem comum. Deve, portanto, exercer-se num plano de conjunto para toda a nação, com o intento constante de contribuir para o progresso gradual, simultâneo e proporcionado, dos três setores produtivos: agricultura, indústria e serviços; e procurar que os cidadãos das zonas menos desenvolvidas se sintam e sejam, deveras, na medida do possível, os responsáveis e os realizadores da sua elevação econômica.

151. Recordemos, finalmente, que também a iniciativa particular deve contribuir para estabelecer o equilíbrio econômico e social entre as diferentes zonas de nação. Mais ainda, os poderes públicos, em virtude do princípio de subsidiariedade, devem favorecer e ajudar a iniciativa privada, confiando-lhe, onde e logo que seja possível de maneira eficiente, a continuação do desenvolvimento econômico.

Eliminar ou diminuir a desproporção entre terra e povoamento

152. Convém observar que, em não poucas nações, se verificam flagrantes desigualdades entre território e população. Efetivamente, em umas há escassez de homens e abundância de terras aproveitáveis; ao passo que em outras são numerosos os homens e escasseia a terra cultivável.

153. Há também nações em que, apesar das riquezas em estado potencial, a condição ainda primitiva da agricultura não permite produzir bens suficientes para as necessidades elementares das populações, enquanto, em outros países, o alto grau de modernização

alcançado pela lavoura determina uma superprodução de bens agrícolas, com reflexos negativos sobre as respectivas economias nacionais.

154. É óbvio que a solidariedade humana e a fraternidade cristã pedem que sejam estabelecidas, entre os povos, relações de colaboração ativa e multiforme, que permita e favoreça o movimento de bens, capitais e homens, com o fim de eliminar ou diminuir as desigualdades apontadas. Mas desse ponto falaremos a seguir, mais pormenorizadamente.

155. Queremos, contudo, manifestar desde já a nossa sincera estima pela obra eminentemente benéfica que vem realizando a Organização das Nações Unidas a favor da alimentação e da agricultura (FAO), fomentando relações fecundas entre os povos, promovendo a modernização das culturas, sobretudo, nas nações em vias de desenvolvimento, aliviando o mal-estar das populações subalimentadas.

EXIGÊNCIAS DE JUSTIÇA NAS RELAÇÕES ENTRE PAÍSES DE DIFERENTE PROGRESSO ECONÔMICO

O problema da época moderna

156. O maior problema da época moderna talvez seja o das relações entre as comunidades políticas economicamente desenvolvidas e as que se encontram em vias de desenvolvimento econômico; as primeiras, por conseguinte, com alto nível de vida, e, as outras, em condições de escassez ou de miséria. A solidariedade, que une todos

os seres humanos e os torna membros de uma só família, impõe, aos países que dispõem, com exuberância, de meios de subsistência, o dever de não permanecerem indiferentes diante das comunidades políticas cujos membros lutam contra as dificuldades da indigência, da miséria e da fome, e não desfrutam dos direitos elementares da pessoa humana. Tanto mais que, dada a interdependência cada vez maior entre os povos, não é possível que entre eles reine uma paz durável e fecunda, se o desnível das condições econômicas e sociais for excessivo.

157. Consciente da nossa paternidade universal, sentimos o dever de inculcar, em forma solene, quanto em outra ocasião já afirmamos: "Todos somos solidariamente responsáveis pelas populações subalimentadas...".[15] [Por isso] "é necessário educar as consciências no sentimento da responsabilidade que pesa sobre todos e cada um, particularmente sobre os mais favorecidos".[16]

158. É bem claro que o dever, sempre proclamado pela Igreja, de ajudar a quem se debate com a indigência e a miséria, devem-no sentir mais intensamente os católicos, pelo motivo nobilíssimo de serem membros do corpo místico de Cristo. O Apóstolo São João proclama: "Nisto conhecemos o Amor: ele deu a sua vida por nós. E nós também devemos dar a nossa vida pelos irmãos. Se alguém, possuindo os bens deste mundo, vê o seu irmão na necessidade e lhe fecha o coração, como permanecerá nele o amor de Deus?" (1Jo 3,16-17).

---

[15] Alocução de 3 de maio de 1960: AAS, 52(1960), p. 465.

[16] Cf. ibid.

159. Vemos, pois, com agrado, que as nações dotadas de sistemas econômicos altamente produtivos prestam ajuda às comunidades políticas em fase de progresso econômico, para que estas cheguem, com menor dificuldade, a melhorar as próprias condições de vida.

Auxílios de urgência

160. Há nações em que se produzem bens de consumo e, sobretudo, gêneros agrícolas em excesso; e há outras em que setores grandes da população lutam contra a miséria e a fome. Motivos de justiça e de humanidade pedem que as primeiras vão em socorro das outras. Destruir ou desperdiçar bens que são indispensáveis à sobrevivência de seres humanos é ferir a justiça e a humanidade.

161. Sabemos que produzir bens, sobretudo agrícolas, para além das necessidades de um país pode ter repercussões economicamente negativas para algumas categorias de pessoas. Mas não é razão suficiente para cessar o dever de prestar auxílio de urgência aos necessitados e famintos; seria antes uma razão a mais para empregar todos os meios para diminuir aquelas repercussões negativas e as distribuir equitativamente entre todos os cidadãos.

Cooperação científica, técnica e financeira

162. Os auxílios de urgência, ainda que obedeçam a um dever de humanidade e de justiça, não bastam para eliminar, nem sequer para diminuir, as causas que, num considerável número de países, determinam um estado permanente de indigência, de miséria ou de fome. Essas causas encontram-se, principalmente, no primitivismo ou atraso dos sistemas econômicos. Por isso não se podem eliminar ou

diminuir senão por meio de uma colaboração multiforme, destinada a fazer adquirir aos seus cidadãos as habilitações profissionais e as competências científicas e técnicas; e a fornecer os capitais indispensáveis para iniciar e acelerar o progresso econômico segundo critérios e métodos modernos.

163. Bem sabemos como, nestes últimos anos, se foi desenvolvendo e armando a consciência do dever de fomentar o progresso econômico e social das nações que se debatem com maiores dificuldades.

164. Organismos mundiais e regionais, Estados, fundações, sociedades particulares, oferecem cada vez mais a esses países a sua própria cooperação técnica em todos os setores da produção, e proporcionam a milhares de jovens ocasião de irem estudar nas universidades das nações mais adiantadas e adquirir uma formação científica, técnica e profissional atualizada. Ao mesmo tempo, instituições bancárias mundiais, Estados e entidades particulares fornecem capitais e dão ou contribuem para dar vida a uma rede cada vez mais extensa de iniciativas econômicas, dentro das nações ainda em vias de desenvolvimento. Apraz-nos aproveitar a oportunidade para manifestarmos o nosso sincero apreço por semelhante obra, rica de frutos. Mas não podemos deixar de observar que a cooperação científica, técnica e econômica, entre as comunidades políticas mais adiantadas e aquelas que se encontram ainda na fase inicial ou a caminho do progresso, exige uma expansão maior ainda que a atual; e é para desejar que essa expansão nos próximos decênios chegue a caracterizar as relações intercomunitárias.

Evitar os erros do passado

165. A esse propósito, julgamos oportunas algumas considerações e advertências.

166. A prudência aconselha que os países que se encontram em um estado inicial ou pouco avançado no campo econômico tenham presentes as experiências por que passaram as nações já desenvolvidas.

167. Produzir mais e melhor corresponde a uma exigência da razão, e é também necessidade imprescindível. Não é, porém, menos necessário, nem menos conforme a justiça, repartir-se equitativamente a riqueza produzida entre todos os membros da comunidade política; por isso, deve procurar-se que o desenvolvimento econômico e o progresso social se sujeitem a um mesmo ritmo. O que exige que esse desenvolvimento e esse progresso sejam realizados, na medida do possível, gradual e harmonicamente, em todos os setores da produção: agricultura, indústria e serviços.

Respeito às características próprias de cada comunidade

168. As nações em fase de desenvolvimento econômico costumam apresentar uma individualidade própria, inconfundível: pelos recursos e características do próprio ambiente natural, pelas tradições muitas vezes ricas de valores humanos e pelas qualidades típicas de seus membros.

169. As nações economicamente desenvolvidas, ao ajudá-las, devem reconhecer e respeitar essa individualidade, e vencer a tentação de projetar a própria imagem, através daquela obra, sobre as comunidades em vias de desenvolvimento.

Obras desinteressadas

170. Mas a tentação maior, para as comunidades políticas economicamente avançadas, é a de se aproveitarem da cooperação técnica e financeira que prestam para influírem na situação política das comunidades em fase de desenvolvimento econômico, a fim de levarem a cabo planos de predomínio.

171. Onde quer que isso se verifique, deve-se declarar explicitamente que estamos diante de nova forma de colonialismo, a qual, por mais habilmente que se disfarce, não deixará de ser menos dominadora do que a antiga, que muitos povos deixaram recentemente. E essa nova forma prejudicaria as relações internacionais, constituindo ameaça e perigo para a paz mundial.

172. É, portanto, indispensável e justo que a mencionada cooperação técnica e financeira se preste com o mais sincero desinteresse político. Deve ter apenas em vista colocar essas comunidades, que pretendem desenvolver-se, em condições de realizarem por si mesmas a própria elevação econômica e social.

173. Desse modo oferece-se uma preciosa contribuição para formar uma comunidade mundial, em que todos os membros serão sujeitos conscientes dos próprios deveres e dos próprios direitos, e trabalharão em plano de igualdade pela consecução do bem comum universal.

Respeito pela hierarquia dos valores

174. Os progressos científicos e técnicos, o desenvolvimento econômico, as melhorias nas condições de vida constituem, sem dúvida,

elementos positivos de uma civilização. Mas devemos lembrar-nos de que não são, nem podem ser, valores supremos; em comparação destes, revestem essencialmente um caráter instrumental.

175. Observamos com amargura que, nos países economicamente desenvolvidos, existem não poucos homens em que se foi extinguindo e se apagou, ou se inverteu, a consciência da hierarquia dos valores. Os valores do espírito descuram-se, esquecem-se ou negam-se; ao passo que os progressos das ciências e das técnicas, o desenvolvimento econômico e o bem-estar material se apregoam e defendem como bens superiores a tudo, e são até exaltados à categoria de razão única da vida. Essa mentalidade constitui um dos mais deletérios dissolventes na cooperação que os povos economicamente desenvolvidos prestam aos povos em fase evolutiva; estes, por antiga tradição, não raras vezes conservam ainda viva e operante a consciência de alguns dos mais importantes valores humanos.

176. É essencialmente imoral atentar contra essa consciência, que deve ser respeitada e, quanto possível, iluminada e aperfeiçoada, para continuar a ser o que é: fundamento da verdadeira civilização.

Contribuição da Igreja

177. A Igreja, por direito divino, é universal. E também o é de fato, por estar presente, ou tender a estar presente, a todos os povos.

178. O fato de a Igreja ser estabelecida no meio de um povo tem sempre consequências positivas no campo econômico e social, como o provam a história e a experiência. Os homens, fazendo-se cristãos, não podem deixar de sentir a obrigação de melhorar as estruturas e

as condições da ordem temporal, por respeito à dignidade humana, e para se eliminarem ou reduzirem os obstáculos à difusão do bem e aumentarem os incentivos e os convites que levam a ele.

179. E, além disso, a Igreja, ao penetrar na vida dos povos, não é nem pode considerar-se nunca uma instituição imposta de fora, porque a sua presença coincide com o renascimento ou a ressurreição de cada homem em Cristo; e, quem renasce ou ressuscita em Cristo, nunca é vítima de coação externa, pelo contrário, sente-se livre, no mais íntimo do próprio ser, para se encaminhar para Deus; e tudo quanto nele representa um valor, de qualquer natureza que seja, se consolida e enobrece.

180. A Igreja de Cristo, observa acertadamente nosso predecessor Pio XII, "fidelíssima depositária da educadora sabedoria divina, não pode pensar nem pensa em alterar ou menosprezar as características particulares que cada povo, com zelo e piedade, e também com compreensível ufania, guarda e considera como precioso patrimônio. O seu fim é a unidade sobrenatural no amor universal, conhecido e praticado; não a uniformidade exclusivamente externa e superficial, por isso mesmo debilitante. A Igreja saúda com alegria e acompanha com solicitude maternal todas as diretrizes e medidas que levam a um prudente e ordenado desenvolvimento de forças e tendências particulares, apoiadas nas raízes mais profundas de cada raça, contanto que elas não se oponham aos deveres que derivam, para o gênero humano, da sua unidade de origem e do destino comum".[17]

---

[17] Carta Encíclica *Summi Pontificatus*: AAS, 31(1939), p. 428-429.

181. Vemos com profunda satisfação como hoje os cidadãos católicos, das comunidades em fase de desenvolvimento econômico, ordinariamente não ficam atrás de ninguém ao participar no esforço que elas realizam no sentido do progresso e da elevação no campo econômico e social.

182. Por outro lado, os cidadãos católicos das comunidades economicamente adiantadas multiplicam as suas iniciativas no sentido de favorecer e melhorar a ajuda prestada às comunidades ainda em fase de desenvolvimento econômico. Digna de especial consideração é a multiforme assistência que eles prestam, em proporções cada vez maiores, aos estudantes da África e da Ásia espalhados pelas universidades da Europa e da América, e ainda a preparação de pessoas dispostas a irem para as nações subdesenvolvidas, com o fim de lá exercerem atividades técnicas e profissionais.

183. A esses nossos queridos filhos, que em todos os continentes manifestam a perene vitalidade da Igreja, promotora do progresso genuíno e vivificadora das civilizações, queremos que chegue a nossa palavra paternalmente afetuosa de aplauso e de alento.

INCREMENTOS DEMOGRÁFICOS E DESENVOLVIMENTO ECONÔMICO

Desequilíbrio entre a população e os meios de subsistência

184. Nestes últimos tempos, surge a cada passo o problema da relação entre os aumentos demográficos, o progresso econômico

e a disponibilidade de meios de subsistência, tanto no plano mundial como nas comunidades políticas em vias de desenvolvimento econômico.

185. No plano mundial, observam alguns que, segundo cálculos estatísticos considerados sérios, a família humana, dentro de poucos decênios, chegará a números muito elevados, ao passo que o desenvolvimento econômico prosseguirá com ritmo menos acelerado. Daí concluem que a desproporção entre o povoamento e os meios de subsistência, em um futuro não longínquo, se fará sentir de maneira aguda, se não se tratar devidamente de limitar o aumento demográfico.

186. Nas comunidades políticas em fase de desenvolvimento econômico, observa-se, com base nas estatísticas, que a rápida difusão de medidas higiênicas e de cuidados sanitários reduz muito a mortalidade, sobretudo infantil; ao mesmo tempo que a percentagem da natalidade, que nessas comunidades costuma ser elevada, tende a permanecer constante, ou quase constante, pelo menos durante um período considerável de anos. Cresce, pois, notavelmente o excesso dos nascimentos sobre os óbitos, não aumentando na mesma proporção a eficiência produtiva dos respectivos sistemas econômicos. Torna-se impossível que nas comunidades em fase de desenvolvimento econômico melhore o nível de vida; antes, é inevitável que piore. Por isso, e a fim de impedir que se chegue a situações de mal-estar extremo, há quem julgue indispensável recorrer a medidas drásticas para evitar ou diminuir a natalidade.

Os termos do problema

187. A verdade é que, situado o problema no plano mundial, não parece que a relação entre o incremento demográfico, por um lado, e o desenvolvimento econômico e a disponibilidade dos meios de subsistência, por outro, venham a criar dificuldades ao menos por agora ou num futuro próximo. De todos os modos, são demasiado incertos e oscilantes os elementos de que dispomos para podermos chegar a conclusões seguras.

188. Além disso, Deus, na sua bondade e sabedoria, espalhou pela natureza recursos inesgotáveis e deu aos homens inteligência e gênio capazes de inventar os instrumentos aptos para com eles se encontrar os bens necessários à vida. Por isso, a solução fundamental do problema não deve procurar-se em expedientes que ofendem a ordem moral estabelecida por Deus e atacam os próprios mananciais da vida humana, mas num renovado esforço científico e técnico, por parte do homem, no sentido de aperfeiçoar e estender cada vez mais o seu domínio sobre a natureza. Os progressos já realizados pelas ciências e técnicas abrem, nessa direção, horizontes ilimitados.

189. Sabemos que, em determinadas áreas e em certos países em fase de desenvolvimento econômico, apresentam-se realmente dificuldades graves, devidas à existência de uma organização econômica e social deficiente, que não oferece meios de vida proporcionais ao índice do incremento demográfico, e também à insuficiência da solidariedade entre os povos.

190. Todavia, mesmo em tais casos, devemos afirmar claramente desde já que esses problemas não se podem encarar, nem essas

dificuldades se podem vencer, recorrendo a métodos e meios que são indignos de um ser racional e só encontram explicação num conceito puramente materialista do homem e da vida.

191. A solução acertada encontra-se apenas num progresso econômico e social que respeite e fomente os genuínos valores humanos, individuais e sociais, em conformidade com a moral, com a dignidade e o imenso valor da vida humana, e, juntamente, numa colaboração em escala mundial que permita e fomente a circulação ordenada e fecunda de conhecimentos úteis, de capitais e pessoas.

Respeito pelas leis da vida

192. Temos de proclamar solenemente que a vida humana deve ser transmitida por meio da família, fundada no matrimônio uno e indissolúvel, elevado para os cristãos à dignidade de sacramento. A transmissão da vida humana foi confiada pela natureza a um ato pessoal e consciente, sujeito, como tal, às leis sapientíssimas de Deus: leis invioláveis e imutáveis, que é preciso acatar e observar. Por isso, não se podem usar aqui meios, nem seguir métodos, que serão lícitos, quando se tratar da transmissão da vida nas plantas e nos animais.

193. A vida humana é sagrada: mesmo a partir da sua origem, ela exige a intervenção direta da ação criadora de Deus. Quem viola as leis da vida, ofende a Divina Majestade, degrada-se a si e ao gênero humano, e enfraquece a comunidade de que é membro.

Educação ao sentimento de responsabilidade

194. É de suma importância que as gerações novas recebam, com a formação cultural e religiosa adequada, que é dever e direito dos pais proporcionar-lhes, também uma educação sólida do sentimento de responsabilidade em todas as manifestações da existência, particularmente no que diz respeito à fundação da família, à transmissão da vida e à educação dos filhos. Deve-se inculcar neles uma fé viva e profunda confiança na Divina Providência, para se disporem a arrostar fadigas e sacrifícios no cumprimento de tão nobre missão, muitas vezes difícil, qual seja, a de colaborar com Deus em transmitir a vida humana e educar a prole. Para educar, nenhuma instituição dispõe de recursos tão eficazes como a Igreja, que, também por esse motivo, possui o direito de exercer a sua missão com plena liberdade.

Ao serviço da vida

195. No Gênesis lembra-se como Deus impôs aos primeiros seres humanos dois mandamentos: o de transmitir a vida: "Crescei e multiplicai-vos" (Gn 1,28) e o de dominar a natureza: "Enchei a terra e submetei-a" (Gn 1,28); mandamentos que se completam mutuamente.

196. Sem dúvida, o mandamento divino de dominar a natureza não é imposto com fins destrutivos, mas sim para serviço da vida.

197. Notamos com tristeza que uma das contradições que mais perturbam e atormentam a nossa época é a seguinte: enquanto, por um lado, salientam-se as situações de mal-estar e apresenta-se o espectro da miséria e da fome, por outro, utilizam-se, muitas vezes em grande escala, as descobertas da ciência, as realizações da

técnica e os recursos econômicos para criar terríveis instrumentos de ruína e de morte.

198. A providência de Deus concede ao gênero humano meios suficientes para resolver dignamente os múltiplos e delicados problemas da transmissão da vida; porém, esses problemas podem tornar-se difíceis ou até insolúveis, porque os homens, desencaminhados na inteligência ou pervertidos na vontade, se valem desses meios contra a razão, isto é, para fins que não correspondem à sua própria natureza social nem aos planos da Providência.

COLABORAÇÃO EM PLANO MUNDIAL

Dimensões mundiais dos problemas humanos importantes

199. Os progressos científicos e técnicos multiplicam e reforçam, em todos os setores da convivência, as relações entre os países, tornando a sua interdependência cada vez mais profunda e vital.

200. Por conseguinte, pode dizer-se que os problemas humanos de alguma importância – qualquer que seja o seu conteúdo, científico, técnico, econômico, social, político ou cultural – apresentam hoje dimensões supranacionais e muitas vezes mundiais.

201. Assim, as comunidades políticas, separadamente e com as próprias forças, não têm já possibilidade de resolver adequadamente os seus maiores problemas dentro de si mesmas, ainda que se trate de nações que sobressaem pelo elevado grau e difusão da cultura,

pelo número e atividade dos cidadãos, pela eficácia dos sistemas econômicos e pela extensão e riqueza dos territórios. Todas se condicionam mutuamente, e pode-se até mesmo afirmar que cada uma atinge o próprio desenvolvimento contribuindo para o desenvolvimento das outras. Por isso é que se impõem o entendimento e a colaboração mútuos.

Desconfiança recíproca

202. Assim se pode entender como, entre os indivíduos e os povos, vai ganhando cada vez mais terreno a persuasão da necessidade urgente de entendimento e colaboração. Ao mesmo tempo, porém, parece que os homens, particularmente os que têm maiores responsabilidades, se mostram incapazes de realizar tanto um como a outra. A raiz dessa incapacidade não se busque em razões científicas, técnicas ou econômicas, mas na falta de confiança mútua. Os homens, e por consequência os Estados, temem-se uns aos outros. Cada um teme que o vizinho alimente intenções de domínio e espreite o momento de levar a efeito tais propósitos. Por isso, organiza a própria defesa, quer dizer, arma-se, enquanto vai declarando que o faz mais para dissuadir o agressor hipotético de algum ataque efetivo do que para agredir.

203. E, desse modo, empregam-se imensas energias humanas e meios gigantescos para fins não construtivos, ao mesmo tempo que se insinua e robustece, entre indivíduos e povos, um sentimento de mal-estar e de opressão, que debilita o espírito de iniciativa, impedindo empreendimentos de maior envergadura.

Desconhecimento da ordem moral

204. A falta de confiança mútua explica-se com o fato de os homens, sobretudo os mais responsáveis, se inspirarem, no desenvolvimento da sua atividade, em concepções de vida diferentes ou radicalmente contrárias entre si. Algumas, infelizmente, não reconhecem a existência da ordem moral: ordem transcendente, universal e absoluta, de igual valor para todos. Desse modo impossibilitam-se o contato e o entendimento pleno e confiável, à luz de uma mesma lei de justiça por todos admitida e observada.

205. Verdade é que os termos "justiça" e "exigências da justiça" continuam na boca de todos, mas têm significações diversas ou opostas para uns e para outros. E é por isso que os apelos, repetidos e apaixonados, à justiça e às exigências da justiça, longe de oferecerem possibilidades de contato ou de entendimento, aumentam a confusão, agravam as diferenças e tornam mais acesas as contendas. Daí se espalhar a persuasão de que não há outro meio para fazer valer os próprios direitos e conseguir os próprios interesses que não seja o recurso à violência, fonte de males gravíssimos.

Deus, verdadeiro fundamento da ordem moral

206. A confiança recíproca entre os homens e os Estados só pode nascer e consolidar-se através do reconhecimento e do respeito pela ordem moral.

207. A ordem moral não pode existir sem Deus: separada dele, desintegra-se. O homem, pois, não é formado só de matéria, mas é também um ser espiritual, dotado de inteligência e liberdade. Exige,

portanto, uma ordem moral e religiosa que, mais do que todos e quaisquer valores materiais, influa na direção e nas soluções que deve dar aos problemas da vida individual e comunitária, dentro das comunidades nacionais e nas relações entre essas.

208. Foi dito que, na era dos triunfos da ciência e da técnica, os homens podem construir a sua civilização prescindindo de Deus. A verdade é que, mesmo os progressos científicos e técnicos, apresentam problemas humanos de dimensões mundiais, apenas solúveis à luz de uma sincera e ativa fé em Deus, princípio e fim do homem e do mundo.

209. Veremos essas verdades confirmadas se repararmos que, até os ilimitados horizontes abertos pela investigação científica, contribuem para que se revigore nos espíritos a persuasão de que as ciências e a matemática, se podem descobrir os fenômenos, estão longe de abranger e, menos ainda, de penetrar completamente os aspectos mais profundos da realidade. E a trágica experiência de gigantescas forças que, postas a serviço da técnica, tanto podem utilizar-se para construir como para destruir, evidencia a importância suprema dos valores do espírito e mostra que o progresso científico e técnico há de conservar o seu caráter essencial de meio para a civilização.

210. O sentimento de progressiva insatisfação, que se difunde nos países de alto nível de vida, desfaz a ilusão do sonhado paraíso terrestre. E, ao mesmo tempo, vão os homens tomando consciência cada vez mais clara dos direitos invioláveis e universais da pessoa, e vai-se tornando mais viva a aspiração a estreitar relações mais justas e humanas. Todos esses motivos contribuem para que a humanidade se dê mais plena conta das suas limitações e se volte para os valores do espírito. O que não pode deixar de ser feliz presságio de sinceros acordos e fecundas colaborações.

Quarta Parte

A RENOVAÇÃO DAS RELAÇÕES DE CONVIVÊNCIA NA VERDADE, NA JUSTIÇA E NO AMOR

Ideologias defeituosas e errôneas

211. Depois de tantos progressos científicos e técnicos, e mesmo em virtude deles, subsiste ainda o problema de se renovarem relações de convivência em equilíbrio mais humano, tanto no interior de cada país como no plano internacional.

212. Com esse fim, elaboraram-se e difundiram-se diversas ideologias na época moderna. Algumas já se dissiparam, como névoa ao contato do sol; outras sofreram e sofrem revisões substanciais; outras, ainda, enfraqueceram-se bastante e vão perdendo cada vez mais o seu poder de fascinação no espírito dos homens. A razão de tal declínio está em que essas ideologias consideram apenas alguns aspectos do homem, e, frequentemente, os menos profundos, pois não levam em conta as imperfeições humanas inevitáveis, como a doença e o sofrimento, que não podem ser eliminados sequer pelos sistemas econômicos e sociais mais avançados. Além disso, há a profunda e inextinguível exigência religiosa, que se nota sempre e em toda a parte, mesmo quando é conculcada pela violência ou habilmente sufocada.

213. O erro mais radical na época moderna é considerar a exigência religiosa do espírito humano como expressão do sentimento ou da fantasia, ou então como produto de uma circunstância histórica que se

há de eliminar como elemento anacrônico e obstáculo ao progresso humano. Ora, é precisamente nessa exigência que os seres humanos se revelam tais como são verdadeiramente: criados por Deus e para Deus, como exclama Santo Agostinho: "Foi para ti, Senhor, que nos fizeste; e o nosso coração está insatisfeito, até que descanse em ti".[18]

214. Portanto, qualquer que seja o progresso técnico e econômico, não haverá no mundo justiça nem paz enquanto os homens não tornarem a sentir a dignidade de criaturas e de filhos de Deus, primeira e última razão de ser de toda a criação. O homem, separado de Deus, torna-se desumano consigo mesmo e com os seus semelhantes, porque as relações bem ordenadas entre homens pressupõem relações bem ordenadas da consciência pessoal com Deus, fonte de verdade, de justiça e de amor.

215. É certo que a perseguição desencadeada há decênios em muitos países, mesmo de civilização cristã antiga, contra tantos irmãos e filhos nossos, os quais, exatamente por essa razão, nos são queridos de modo especial, evidencia cada vez mais a nobre superioridade dos perseguidos e a refinada barbárie dos perseguidores; o que, se não produz ainda frutos visíveis de arrependimento, leva já muita gente a refletir.

216. Sempre fica de pé a verdade de que o aspecto mais sinistramente típico da época moderna consiste na tentativa absurda de se querer construir uma ordem temporal sólida e fecunda prescindindo de Deus, fundamento único sobre o qual ela poderá subsistir; e querer proclamar a grandeza do homem secando a fonte de onde ela brota e se alimenta, e isso através da repressão e, se fosse possível, da extinção

---

[18] *Confissões* 1, 1.

das aspirações íntimas do homem, no sentido de Deus. Todavia, a experiência cotidiana, no meio dos desenganos mais amargos e, não raras vezes, do testemunho do sangue, continua a mostrar a verdade do que afirma o livro inspirado: "Se Iahweh não constrói a casa, em vão labutam os seus construtores" (Sl 126,1).

Perene atualidade da doutrina social na Igreja

217. A Igreja apresenta e proclama uma concepção sempre atual da convivência humana.

218. Como se conclui do que dissemos até agora, o princípio fundamental dessa concepção consiste em, cada um dos seres humanos, ser e dever ser o fundamento, o fim e o sujeito de todas as instituições em que se expressa e realiza a vida social: cada um dos seres humanos considerado na realidade daquilo que é e que deve ser, segundo a sua natureza intrinsecamente social, e no plano divino da sua elevação à ordem sobrenatural.

219. Desse princípio básico, que defende a dignidade sagrada da pessoa, o magistério da Igreja, com a colaboração de sacerdotes e leigos competentes, formulou, especialmente neste último século, uma doutrina social. Essa indica com clareza o caminho seguro que leva ao restabelecimento das relações de convivência social segundo critérios universais correspondentes à natureza, aos diversos âmbitos de ordem temporal e às características da sociedade contemporânea, e, precisamente por isso, aceitáveis por todos.

220. Mas hoje é mais do que nunca indispensável que essa doutrina seja conhecida, assimilada e aplicada à realidade, nas formas e

na medida que as situações diversas permitem ou reclamam. Tarefa árdua, mas nobilíssima, para cuja realização convidamos instantemente não só os nossos irmãos e filhos espalhados pelo mundo inteiro, como também todos os homens de boa vontade.

Instrução

221. De novo afirmamos, e acima de tudo, que a doutrina social cristã é parte integrante da concepção cristã da vida.

222. Embora saibamos, com prazer, que essa doutrina já há muito tempo é proposta em vários institutos, insistimos na intensificação de tal ensino por meio de cursos ordinários e de forma sistemática, em todos os seminários e em todas as escolas católicas de qualquer grau que sejam. Inclua-se também nos programas de instrução religiosa das paróquias e das associações do apostolado dos leigos; propague-se através dos meios modernos de difusão: imprensa diária e periódica, obras de vulgarização e de caráter científico, rádio e televisão.

223. Para a sua difusão, muito podem contribuir os nossos filhos do laicato, com o desejo de aprenderem a doutrina, com zelo de a fazerem compreender aos outros e com a prática da mesma, impregnando dela as próprias atividades de ordem temporal.

224. Não esqueçam que a verdade e a eficácia da doutrina social católica se manifestam, sobretudo, na orientação segura que oferecem à solução dos problemas concretos. Dessa maneira, conseguir-se-á chamar para ela a atenção dos que a desconhecem, ou mesmo a combatem por a desconhecerem; e talvez se consiga até que, no espírito de alguns, se faça luz.

Educação

225. Uma doutrina social não se enuncia apenas; aplica-se na prática, em termos concretos. Isso vale, sobretudo, quando se trata da doutrina social cristã, cuja luz é a verdade, cujo fim é a justiça, cuja força dinâmica é o amor.

226. Relembramos, pois, a necessidade de os nossos filhos não receberem apenas instrução social, mas também educação social.

227. A educação cristã deve ser integral; quer dizer, deve compreender a totalidade dos deveres. Há de, pois, fazer nascer e fortificar nas almas a consciência de terem de exercer cristãmente as atividades de natureza econômica e social.

228. A passagem da teoria à prática é difícil por natureza, e o é principalmente quando se trata de reduzir a termos concretos uma doutrina social como a cristã. A dificuldade vem do egoísmo profundamente enraizado no ser humano, do materialismo que impregna a sociedade moderna, da dificuldade em reconhecer, com clareza e exatidão, as exigências objetivas da justiça, em cada um dos casos particulares. Por isso, não basta fazer despertar e formar a consciência da obrigação de proceder cristãmente no campo econômico e social. A educação deve pretender também ensinar o método que torne possível o cumprimento dessa obrigação.

Função das associações do apostolado dos leigos

229. Para atuar cristãmente no campo econômico e social, a educação com dificuldade haverá de mostrar-se eficaz, se os que a recebem não tomam nela parte ativa e se não for dada também através da ação.

230. Justamente se costuma dizer que não é possível chegar a usar bem da liberdade senão por meio do bom uso da liberdade. De modo análogo, proceder cristãmente no campo econômico e social não se consegue senão por meio da ação cristã concreta nesse domínio.

231. Por isso, na educação social, corresponde uma função importante às associações e organizações ao apostolado dos leigos, especialmente às que se propõem, como objetivo próprio, impregnar de cristianismo um ou outro setor da ordem temporal.

232. Efetivamente, não poucos membros dessas Associações podem utilizar as suas experiências cotidianas para educarem a si próprios cada vez melhor e contribuírem para a educação social dos jovens.

233. Vem a propósito recordar a todos, grandes e pequenos, que o sentido cristão da vida impõe espírito de sobriedade e sacrifício.

234. Infelizmente, prevalecem hoje bastante a mentalidade e a tendência hedonistas, que pretendem reduzir a vida à busca do prazer e à satisfação completa de todas as paixões, com grave prejuízo para o espírito e até para o corpo. No plano natural é sabedoria e fonte de bens a moderação e o domínio dos apetites inferiores. E, no plano sobrenatural, o Evangelho, a Igreja e toda a sua tradição ascética exigem o espírito de mortificação e penitência, que assegura o domínio sobre a carne e oferece um meio eficaz de expiar a pena devida pelo pecado, do qual ninguém é livre senão Jesus e a sua mãe imaculada.

Sugestões práticas

235. Para levar a realizações concretas os princípios e as diretrizes sociais, passa-se ordinariamente por três fases: estudo da situação; apreciação da mesma à luz desses princípios e diretrizes; exame e determinação do que se pode e deve fazer para aplicar os princípios e as diretrizes à prática, segundo o modo e no grau que a situação permite ou reclama. São os três momentos que habitualmente se exprimem com as palavras seguintes: "ver, julgar e agir".

236. Convém hoje, mais que nunca, convidar com frequência os jovens a refletir sobre esses três momentos e a realizá-los praticamente, na medida do possível. Desse modo, os conhecimentos adquiridos e assimilados não ficarão, neles, em estado de ideias abstratas, mas os tornarão capazes de traduzir na prática os princípios e as diretrizes sociais.

237. Nas aplicações desses, podem surgir divergências mesmo entre católicos retos e sinceros. Quando isso suceder, não faltem a consideração, o respeito mútuo e a boa vontade em descobrir os pontos onde existe acordo, a fim de se conseguir uma ação oportuna e eficaz. Não nos percamos em discussões intermináveis, e, sob o pretexto de conseguirmos o ótimo, não deixemos de realizar o bom que é possível e, portanto, obrigatório.

238. Os católicos que exercem atividades econômicas e sociais têm frequentes relações com outros homens que não possuem a mesma concepção da vida. Em tais relações, procedam com atenção os nossos filhos, de modo a serem coerentes consigo mesmos e não descerem a compromissos em matéria de religião e de moral. Mas, ao mesmo tempo, mostrem espírito de compreensão, desinteresse e disposição a colaborar lealmente na prossecução de objetivos bons

por natureza, ou que, pelo menos, se podem encaminhar para o bem. Contudo, se a hierarquia eclesiástica se pronuncia em tal matéria, é claro que os católicos são obrigados a ater-se às diretrizes recebidas, pois compete à Igreja o direito e o dever não só de tutelar os princípios de ordem ética e religiosa, mas também de intervir com autoridade na esfera da ordem temporal, quando se trata de julgar a aplicação desses princípios a casos concretos.

Ação multíplice e responsabilidade

239. Da instrução e educação, deve passar-se à ação. É dever que pertence, sobretudo, aos nossos filhos do laicato, porque, em virtude do seu estado de vida, se ocupam habitualmente em atividades e instituições de ordem e finalidade temporais.

240. Aos nossos filhos, para exercerem tão nobre função, é não só necessário que sejam profissionalmente competentes e desempenhem as suas atividades temporais, em conformidade com as leis que lhes dizem respeito para conseguirem eficazmente o fim próprio das mesmas, mas também indispensável que, no exercício dessas atividades, se movam dentro dos princípios e diretrizes da doutrina social cristã, em uma atitude de confiança sincera e de obediência filial à autoridade eclesiástica. Tenham presente que, no exercício das atividades temporais, se não seguem os princípios e as diretrizes da doutrina social cristã, não só faltam a um dever e lesam com frequência os direitos dos seus irmãos, mas também podem até chegar a desacreditar a doutrina, como se ela fosse, apesar de nobre em si mesma, desprovida de força e de orientação eficaz.

Um perigo grave

241. Como já notamos, os homens de hoje aprofundaram e ampliaram muito o conhecimento das leis da natureza, criaram instrumentos para lhe dominarem as forças, produziram e continuam a produzir obras gigantescas e espetaculares. Mas, no seu empenho de dominar e transformar o mundo exterior, correm o perigo de se esquecerem e enfraquecerem a si mesmos: "É assim que o trabalho corporal – observou com profunda amargura o nosso predecessor Pio XI, na encíclica *Quadragesimo Anno* –, que a divina providência destinara ao aperfeiçoamento material e moral do homem, mesmo depois do pecado original, vai transformar-se em instrumento de perversão. Por outras palavras, a matéria inerte sai enobrecida da fábrica; os homens é que se corrompem e envilecem com ela".[19]

242. Afirma, do mesmo modo, o Sumo Pontífice Pio XII, que a nossa época se distingue pelo contraste flagrante entre o imenso progresso científico e técnico, e um espantoso regresso no campo dos valores humanos, pois, "a sua monstruosa obra-prima consiste em transformar o homem num gigante do mundo físico à custa do seu espírito reduzido a pigmeu no mundo sobrenatural e eterno".[20]

243. Uma vez mais se verifica hoje, em proporções tão vastas, o que dos pagãos afirmava o Salmista, ao dizer que os homens esquecem, muitas vezes, na ação, a própria natureza e admiram as obras que fazem até ao ponto de verem nelas um ídolo: "Os seus ídolos são prata e ouro, obra das mãos dos homens" (Sl 113,4).

---

[19] AAS, 23(1931), p. 221s.

[20] *Radiomensagem* no Natal de 1953: AAS, 46(1953), p. 10.

Reconhecimento e respeito pela hierarquia dos valores

244. Na nossa paternal solicitude de pastor de todas as almas, convidamos insistentemente os nossos filhos a vigiarem sobre si mesmos, para manterem viva e operante a consciência da hierarquia dos valores no exercício das atividades temporais e na prossecução dos fins imediatos de cada uma.

245. É certo que a Igreja ensinou sempre, e continua a ensinar, que os progressos científicos e técnicos e o consequente bem-estar material são bens reais, que marcam um passo importante no caminhar da civilização humana. Mas esses progressos devem avaliar-se dentro da esfera da sua verdadeira natureza: são só instrumentos ou meios a utilizar para a consecução mais eficaz de um fim superior, que é facilitar e promover o aperfeiçoamento espiritual dos seres humanos, tanto na ordem natural como na sobrenatural.

246. A palavra do Divino Mestre continua a fazer-se ouvir como um aviso perene: "Que aproveitará ao homem se ganhar o mundo inteiro, mas arruinar a sua vida? Ou que poderá o homem dar em troca de sua vida?" (Mt 16,26).

Santificação das festas

247. Essa advertência não parece alheia à obrigação do repouso que se deve gozar nos dias de festa. Para defender a dignidade do homem, como criatura dotada de alma feita à imagem e semelhança de Deus, a Igreja urgiu sempre a observância do terceiro preceito do decálogo: "Lembra-te de santificar o dia de festa" (Ex 20,8). Deus tem o direito de exigir do homem que dedique ao culto um dia da

semana, no qual o espírito, livre das ocupações materiais, possa elevar e abrir o pensamento e o coração às coisas celestiais, examinando no íntimo da consciência as suas relações inevitáveis e indispensáveis com o Criador.

248. Mas é também direito, e até necessidade do homem, interromper a aplicação do corpo ao trabalho duro de cada dia, para aliviar os membros cansados, distrair honestamente os sentidos e estreitar a união da família, que exige contato frequente e convívio tranquilo entre todos.

249. Religião, moral e higiene concordam na necessidade do repouso periódico que a Igreja, desde há séculos, traduz na santificação do domingo, com a assistência ao santo sacrifício da missa, memorial e aplicação da obra redentora de Cristo às almas.

250. Com viva dor temos de reconhecer e deplorar a negligência, para não dizer o desprezo, desta lei santa, com perniciosas consequências para a saúde da alma e do corpo dos nossos queridos trabalhadores.

251. Em nome de Deus e para bem material e espiritual dos homens, chamamos a todos, autoridades, patrões e trabalhadores, à observância do preceito de Deus e da Igreja, recordando a cada um a grave responsabilidade que tem perante Deus e a sociedade.

Empenho renovado

252. De tudo o que acima brevemente expusemos, seria erro deduzir que os nossos filhos, sobretudo do laicato, hajam de considerar prudente diminuir a sua obrigação cristã para com o mundo; pelo contrário, devem renová-la e robustecê-la.

253. Nosso Senhor, na sublime oração pela unidade da sua Igreja, não pede ao Pai que afaste os seus do mundo, mas que os preserve do mal: "Não peço que os tires do mundo, mas que os guardes do mal" (Jo 17,15). Não devemos ver artificialmente uma oposição onde ela não existe: neste caso, entre a perfeição pessoal e a atividade de cada um no mundo, como se uma pessoa não pudesse aperfeiçoar-se senão deixando de exercer atividades temporais, ou se o exercício delas comprometesse fatalmente a nossa dignidade de seres humanos e de crentes.

254. Pelo contrário, corresponde perfeitamente ao plano da Providência que se aperfeiçoe cada um pelo trabalho cotidiano; e este, para a quase totalidade dos homens, é trabalho de natureza e finalidade temporal. A Igreja vê-se hoje empenhada com uma missão gigantesca: a de imprimir caráter humano e cristão à civilização moderna; caráter que esta pede, e quase reclama, para deveras progredir e se conservar. Como insinuamos, a Igreja vai exercendo essa missão sobretudo por meio dos seus filhos leigos, os quais, tendo sempre tal fim em vista, devem sentir-se obrigados a exercer as próprias atividades profissionais como quem satisfaz a um dever, como quem presta um serviço, em união íntima com Deus, em Cristo e para sua glória. Já o indicava o apóstolo São Paulo: "Portanto, quer comais, quer bebais, quer façais qualquer outra coisa, fazei tudo para a glória de Deus" (1Cor 10,31). "E tudo o que fizerdes de palavra ou ação, fazei-o em nome do Senhor Jesus, por ele dando graças a Deus, o Pai" (Cl 3,17).

Maior eficácia nas atividades temporais

255. Uma vez conseguido que as atividades e as instituições temporais permaneçam abertas aos valores espirituais e aos fins

sobrenaturais, conseguiu-se também, ao mesmo tempo, reforçar-lhes a eficácia relativamente aos seus fins específicos e imediatos. É sempre verdade a palavra do Divino Mestre: "Buscai em primeiro lugar o reino de Deus e a sua justiça, e todas estas coisas vos serão acrescentadas" (Mt 6,33). Quando se é "luz no Senhor" (Ef 5,8), e se caminha como "filhos da luz" (cf. Ef 5,8), apreendem-se melhor as exigências fundamentais da justiça, mesmo nas zonas mais complexas e difíceis da ordem temporal, em que, não raro, os egoísmos individuais, e os de grupo ou de raça, insinuam e espalham espessas névoas. E quando somos animados pela caridade de Cristo, nós conhecemos os laços que nos unem aos outros, e sentimos como próprias as necessidades, os sofrimentos e as alegrias alheias. Por conseguinte, a ação de cada um, qualquer que seja o objeto da mesma e o meio em que se exerce, não pode deixar de ser mais desinteressada, mais vigorosa e mais humana, pois a caridade: "é paciente, é benigna... não busca os seus próprios interesses... não folga com a injustiça, alegra-se com a verdade... tudo espera, tudo suporta" (1Cor 13,4-7).

Membros vivos do Corpo Místico de Cristo

256. Mas não podemos concluir a nossa encíclica sem recordar outra verdade, que é, ao mesmo tempo, uma realidade sublime: somos membros vivos do corpo místico de Cristo, que é a sua Igreja: "Com efeito, o corpo é um e, não obstante tem muitos membros, mas todos os membros do corpo, apesar de serem muitos, formam um só corpo: assim também acontece com Cristo" (1Cor 12,12).

257. Convidamos, com paternal insistência, todos os nossos filhos, do clero e do laicato, a que tomem profunda consciência de

tão grande dignidade e grandeza, pois estão enxertados em Cristo, como os sarmentos na videira: "Eu sou a videira e vós os ramos" (Jo 15,5) e, por esse motivo, são chamados a viver a sua mesma vida. Todo o trabalho e todas as atividades, mesmo as de caráter temporal, que se exercem em união com Jesus, divino Redentor, se tornam um prolongamento do trabalho de Jesus e dele recebem virtude redentora: "Aquele que permanece em mim e eu nele, produz muito fruto" (Jo 15,5). É um trabalho pelo qual não só realizamos a nossa própria perfeição sobrenatural, mas também contribuímos também para estender e difundir aos outros os frutos da Redenção, levedando assim, com o fermento evangélico, a civilização em que vivemos e trabalhamos.

258. A nossa época encontra-se invadida e penetrada de erros fundamentais, dilacerada e atormentada por desordens profundas; mas é também uma época em que, ao espírito combativo da Igreja, se abrem imensas possibilidades de fazer o bem.

Conclusão

259. Amados irmãos e filhos nossos: o olhar que lançamos convosco sobre os diversos problemas da vida social contemporânea, desde as primeiras luzes do ensinamento do Papa Leão XIII, levou-nos a formular um conjunto de observações que formam um programa. Convidamos-vos a que as pondereis, as mediteis bem e vos animeis a cooperar, todos e cada um de vós, na realização do reino de Cristo sobre a terra: "Reino de verdade e de vida; reino de santidade e de graça; reino de justiça, de amor e de paz";[21] reino

---

21 Prefácio da Missa de Cristo Rei.

que promete o gozo dos bens celestiais, para que fomos criados e que ansiosamente desejamos.

260. Trata-se da doutrina da Igreja Católica e apostólica, mãe e mestra de todas as gentes, cuja luz ilumina e abrasa; cuja voz, ao ensinar cheia de sabedoria celestial, pertence a todos os tempos; cuja virtude oferece sempre remédios eficazes, suscetíveis de trazerem solução para as crescentes necessidades dos homens, para as angústias e aflições desta vida. A essa voz, une-se, em perfeita harmonia, a voz antiquíssima do Salmista, que sem descanso conforta e alenta as nossas almas: "Vou ouvir o que Iahweh Deus diz, porque ele fala de paz ao seu povo e seus fiéis, para que não voltem à insensatez. Sua salvação está próxima dos que o temem, e a Glória habitará em nossa terra. Amor e Verdade se encontram, Justiça e Paz se abraçam; da terra germinará a Verdade, e a Justiça se inclinará do céu. O próprio Iahweh dará a felicidade, e a nossa terra dará seu fruto. A Justiça caminhará à sua frente e com seus passos traçará um caminho" (Sl 84,9ss).

261. São estes, veneráveis irmãos, os votos que nos formulamos, ao terminar esta carta, a que, de há tempos, dedicamos a nossa solicitude pela Igreja universal. Fazemo-lo para que o divino Redentor dos homens, "feito por Deus sabedoria para nós, e justiça e santificação e redenção" (1Cor 1,30), reine e triunfe, através dos séculos, em todos os homens e sobre todas as coisas; e também para que, restabelecida a ordem na sociedade, todas as gentes gozem finalmente de paz, de prosperidade e de alegria.

262. Como presságio de feliz realização destes votos e como penhor da nossa paternal benevolência, concedemos de coração,

no Senhor, a bênção apostólica, a vós, veneráveis irmãos, e a todos os fiéis confiados ao vosso ministério, de modo especial aos que generosamente corresponderem às nossas exortações.

Dado em Roma, junto de São Pedro, aos 15 de maio do ano de 1961, terceiro do nosso Pontificado.

JOÃO PP. XXIII

Paulinas

Rua Dona Inácia Uchoa, 62
04110-020 – São Paulo – SP (Brasil)
Tel.: (11) 2125-3500
http://www.paulinas.com.br – editora@paulinas.com.br
Telemarketing e SAC: 0800-7010081